ENTIENDE TU MENTE

Así somos

**Los mejores psicoaprendizajes
para entenderte mejor**

ENTIENDE TU MENTE

Así somos

Los mejores psicoaprendizajes
para entenderte mejor

Molo Cebrián   **Luis Muiño**

Penguin
Random House
Grupo Editorial

Primera edición: octubre de 2023

© 2023, Manuel Cebrián y Luis Muiño
La representación de los autores ha sido gestionada por Dispara Agencia Literaria
Infografías de Jorge Penny
© 2023, Penguin Random House Grupo Editorial, S. A. U.
Travessera de Gràcia, 47-49. 08021 Barcelona

Printed in Spain – Impreso en España

ISBN: 978-84-03-52387-6
Depósito legal: B-14.793-2023

Compuesto por Fernando de Santiago
Impreso en Gómez Aparicio, S.L.
Casarrubuelos (Madrid)

AG 2 3 8 7 6

Para mis padres, a los que cada día entiendo más.
Para Clara, mi persona favorita.
Para ti y toda la comunidad de Entiende Tu Mente,
que hace que esta aventura tenga sentido.

MOLO CEBRIÁN

Para Susana, siempre, ahora en una nueva forma
de seguir queriéndote.
Para Javi y Clara, que me encantaría que me recordaran
como un enamorado de las historias.
Para la comunidad ETM, con el deseo de aportarles
también en este nuevo formato.

LUIS MUIÑO

ÍNDICE

Prólogo 11

1. Somos miedosos 15
2. Somos buscadores de sentido 35
3. Somos mentirosos 53
4. Somos curiosos 77
5. Somos complejos 99
6. Somos empáticos 121
7. Somos irracionales 143
8. Somos rebaño 167
9. Somos raros 191
10. Somos contadores de historias 213

Prólogo

ómo somos? ¿Cómo eres? ¿Cómo te comportas en determinadas situaciones? ¿Y si no fueras la única persona que tiende a ver el partido político al que vota como el único que merece la pena y su ciudad como, claramente, mucho más bonita que la de al lado? ¿Y si hubiera más gente que, al igual que tú, aunque no lo cuente, actúa en muchas ocasiones (demasiadas, tal vez) condicionada por el miedo? Y, a todo esto, ¿qué hacías comprando decenas de rollos de papel higiénico en los primeros días de la pandemia del COVID? Ah, y ¿te diste cuenta en la cena de antiguos alumnos de que tus compañeros y compañeras de clase están envejeciendo mucho peor que tú? ¿Y si en este libro encontraras una explicación a todos estos enigmas y alguno que otro más?

Entiende tu mente nació como un pódcast hace más de seis años. Pronto se convirtió en el más escuchado de psicología en español en todo el mundo. Fue de los primeros en superar la barrera de los cien millones de descargas. Y aquí seguimos, aunque ahora ya no nos dedicamos «solo» a grabar pódcast. Hemos dado el salto a otros medios, charlamos de psicología en teatros y, claro, también escribimos libros. En los inicios hablábamos de forma llana sobre esas dudas psicológicas que todos nos planteamos alguna vez, pero que a veces nos cuesta compartir con las personas más cercanas (ya sabes, por aquello del qué pensarán si les cuento que me pasa tal o cual cosa por la cabeza). Creamos un espacio seguro al que poco a poco se fue uniendo una comunidad de buena gente que compartía las mismas inquietudes. Nuestro primer libro editado por este mismo sello, *Entiende tu mente: Claves para navegar en medio de las tempestades*, fue el mejor compendio posible que supimos darte de lo contado en esos primeros años.

Hablar de aquellos temas psicológicos que antes comentábamos a escondidas se puso de moda. Durante la pandemia la psicología tomó un papel de muchísima relevancia en todos los ámbitos. Aparecieron cientos de pódcast parecidos al nuestro (algunos nos encantan), libros con abordajes similares, series con las que no podíamos estar más de acuerdo y hasta programas de televisión y documentales que abordan genialmente esos curiosos aspectos psicológicos que tanto nos interesan.

Por un lado había mucho más de lo mismo y por otro sentíamos que una etapa había terminado. Puede parecer difícil cambiar cuando algo que haces funciona y ayuda a mucha gente. Pero ese momento llegó: soltamos los frenos y volvimos a jugar la partida de crear nuevos espacios y ver qué pasaba. Recalculamos la dirección como hace el GPS cuando varías el camino a mitad del viaje y nos lanzamos a diseñar varias secciones, varios formatos, varias aventuras con los contenidos que ahora más nos apasionan, pero con la misma idea de siempre: tratar de pasarlo bien, aceptar nuestras imperfecciones y animar a quien quiera escuchar o leer a mirar la vida y lo que le pasa por la mente desde lados diferentes. Entre esas «aventuras» está la que da nombre a esta obra que tienes en tus manos.

En el último episodio del libro anterior, hablábamos de la importancia de conocerse y aceptarse. De cómo un autoconcepto claro y realista suele correlacionarse con una autoestima sana. Pero... ¿cómo conocernos a nivel personal si no nos conocemos como especie? ¿Cómo identificar «nuestras cosas», cuando no conocemos «las cosas» que tenemos en común con toda la plantilla de la empresa o los compañeros de la clase o la comunidad de vecinos o nuestros primos lejanos o quienes forman parte de ese grupo de WhatsApp en el que un día te metieron y que te parecen «tan raros»?

Con esa intención nació *Entiende tu mente: Así somos*, nuestra apuesta por combinar entretenimiento y psicología, no para adentrarnos en perfiles muy particulares, sino en perfiles sociales. ¿Qué hacemos en este libro? Unir historias reales y psicología. Porque no conocemos una manera mejor de aprender que a base de anécdotas, de curiosidades. De todas ellas extraemos psicoaprendizajes de esos que sorprenden y que tal vez decidas compartir en tu próxima cena de amigos. ¡Y bien que harás! Porque para eso lo hacemos. Para que disfrutes con las historias que vamos a contarte —y los conocimientos que esconden— y las lleves más lejos.

Te damos la bienvenida a un espacio para conocerte y conocernos, para entender nuestra mente de forma global. Porque solo desde el reconocimiento de nuestras limitaciones, sesgos y extraños rituales que seguimos llevando a cabo porque sí, porque siempre se han hecho o porque nuestras hormonas y mecanismos cerebrales así nos lo piden, podremos pararnos a pensar si lo que nos pasa por la mente, y la forma de afrontarlo, tiene sentido en este alocado siglo XXI.

¿Te apetece aprender cómo somos? Pasa a la próxima página y empieza la aventura.

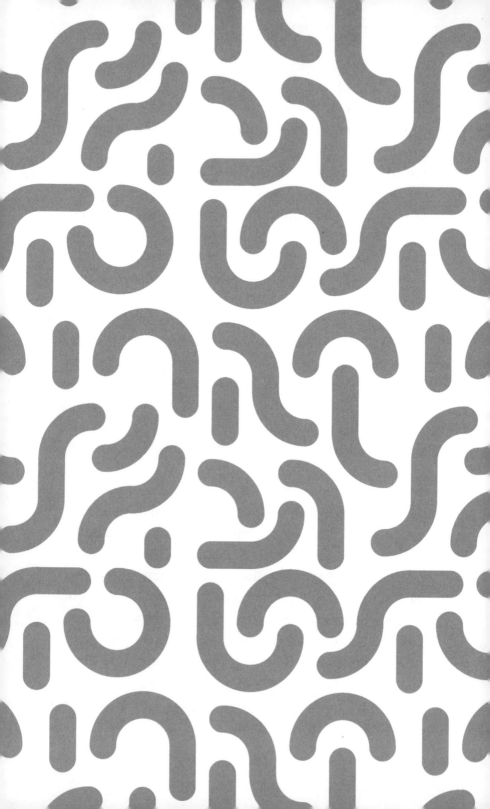

CAPÍTULO 1

Somos miedosos

iajemos casi un siglo atrás en el tiempo. Nos situamos en 1938, solo un año antes de que estallara la Segunda Guerra Mundial. El 30 de octubre se produjo uno de los hitos más citados en la historia de la generación artificial de miedo. Una compañía de teatro, dirigida por Orson Welles, protagonizó la dramatización radiofónica más famosa de todos los tiempos. ¿Te viene a la cabeza de qué estamos hablando?

El joven Welles, que unos años después se convertiría en uno de los primeros directores cinematográficos de éxito en Hollywood, producía por entonces un programa de radio, en el que se representaban obras literarias. Sus jefes le habían amenazado con cerrar el espacio. Nadie quería escuchar sus historias aburridas. Y en uno de esos momentos límites, donde sabes que o se te ocurre algo ingenioso o pasas a engrosar la cola del paro, jugó todas sus cartas y se atrevió a crear una versión radiofónica rompedora de *La guerra de los mundos*; una obra que narra cómo los marcianos invaden la Tierra, paso a paso. ¿Le serviría para mejorar los datos de audiencia y conservar el trabajo?

La historia comenzaba plácidamente. De hecho, el primer actor que intervenía hacía el papel de un locutor de radio que presentaba canciones, sin más. Retransmitía un concierto en directo. Pasados unos minutos, dejó a un lado la música para comentar un impactante suceso: «Naves extraterrestres están aterrizando en New Jersey». La noticia, obviamente, era más importante que el concierto. La música quedó a un lado, dejando espacio para las voces que empezaron a poblar la antena: testigos oculares y miembros de las fuerzas de seguridad. Sus testimonios eran atroces: los alienígenas estaban masacrando a la población. Imagínate esa narración, dramáticamente realista, acompañada de una gran variedad de efectos sonoros. Actores y sonidistas iban creando un ambiente de caos, casi apocalíptico, a base de ingenio. Nadie había mezclado hasta entonces el formato informativo con la ficción. Welles lo hizo. Aprovechó la credibilidad que ofrece un medio como la radio para cruzar límites deontológicos hasta entonces desconocidos. ¿Adivinas lo que ocurrió?

El efecto que produjo en la población ha sido contado en numerosas ocasiones. Se dice que muchos de los que sintonizaron la cadena tardíamente y no escucharon los anuncios previos que avisaban de que todo era una representación, entraron en pánico. Las crónicas reflejan el impactante poder que tuvo aquella retransmisión. Miles de norteamericanos —familias enteras— abandonaron sus hogares y huyeron despavoridos. El ejército tomó las calles, la confusión y el caos generalizado llevaron a escenas de pillaje y violencia, muchas personas sufrieron ataques al corazón por el terror que las atenazaba e, incluso, hay cronistas que hablan de que se produjo algún suicidio.

¿Es tan fácil llevarnos a ese estado? ¿Son tan manipulables nuestros temores? La psicología sabe que, en los momentos vulnerables, efectivamente somos muy fáciles de amedrentar. El programa de Orson Welles se emitió un año antes del estallido de la Segunda Guerra Mundial. El clima social era casi paranoico: una invasión enemiga era posible. Solo había que pulsar las teclas adecuadas para llevarnos al límite.

Encontrar esos activadores del pánico es, en realidad, sencillo. Los temas que usan los traficantes de miedo para asustarnos son siempre los mismos: muerte, sexo, riqueza, locura... Las diversas épocas cambian el formato, pero el trasfondo del relato es siempre el mismo: se trata de hallar el camino para llegar a nuestros temores más profundos. Si una historia nos aterroriza, dejamos de pensar de forma racional. Y eso nos impide ser analíticos. Como nos recuerda la neuróloga Kathleen Taylor en su libro *Brainwashing. The science of Thought Control*: «Cuando algo provoca una reacción emocional, el cerebro se moviliza para lidiar con ella, dedicando muy pocos recursos a la reflexión». Los que intentan influir en nosotros saben que es mejor que tratemos el problema de manera visceral: eso desconecta nuestro córtex cerebral y nos hace ser menos críticos.

¿COMPRASTE LA ÚLTIMA VEZ QUE TE VENDIERON MIEDO?

Déjanos adivinar. ¿Recuerdas algo así? Una persona llama a tu puerta o a tu teléfono. Te pregunta si tienes un servicio de alarma contratada. Después te comenta que en tu zona se ha detectado un aumento de robos y ocupaciones. Te dice en confianza que algunos de tus vecinos la van a instalar. Además estás de suerte, porque justo ese mes tiene una oferta especial.

¿Te ha pasado? ¿Qué hiciste? ¿Compraste el miedo? Y, ya puestos, un par de preguntas más: ¿sabes qué país es el «campeón» de Europa en alarmas por habitante? ¿Crees que coincide con aquel donde hay más riesgo de robo u ocupación? Luego te contamos.

Infundir temor ha sido siempre una buena táctica para controlar a las masas. El historiador Jean Delumeau, en su libro *El miedo en Occidente*, cita multitud de ejemplos del uso maquiavélico de esta emoción básica del ser humano. El miedo al demonio en la época de la caza de brujas es un prototipo de esta estrategia. Para ello, siempre se han utilizado los medios de comunicación disponibles: el best seller de finales del siglo xv, *Malleus Maleficarum*, fue el gran promotor de la caza de brujas. No importa que en esas épocas pocas personas supieran leer, porque el terror, como sabemos, no se transmite de forma racional y argumentada. Escuchar algunas frases del maléfico manual fue suficiente para dejar sus ideas grabadas en el imaginario colectivo.

En la época de Orson Welles, el uso de esta táctica estaba entrando en su apogeo. De hecho, en esas mismas fechas, en Alemania el movimiento nazi hablaba continuamente de un libro que contenía los «protocolos de los sabios de Sion», un plan de los judíos para hacerse con el control del planeta. Una vez activado el miedo hacia el grupo que querían estigmatizar, una vez encendida la alarma contra los judíos, consiguieron convencer a miles de personas para que iniciaran un exterminio sistemático de la supuestamente atemorizante etnia. Y todo esto ocurrió aunque el libro en cuestión era un fraude: el periodista Herman Bernstein, del *New York Herald*, había publicado quince años antes *La historia de una mentira: los protocolos de los sabios de Sion*, desenmascarando el montaje. Pero ¿qué importancia tenía para los instigadores del exterminio que el miedo al diferente se fundamenta en una mentira? Lo importante para ellos era tener el miedo a su favor.

«La única cosa de la que debemos tener miedo es del miedo», afirmó Franklin Delano Roosevelt por las mismas fechas en que se emitió *La guerra de los mundos*. Sin embargo, el efecto del programa de Welles demostró que la sociedad del siglo xx no había cambiado tanto respecto a la del xv. Era igual de asustadiza y así sigue siendo. A finales de los noventa, Brian Tobin, ministro de Pesca de Canadá, difundió un rumor que caló hondo en las gentes de Terranova: las focas eran las culpables de la desaparición del bacalao. A pesar de la falsedad del bulo, el temor a la disminución de reservas de pescado duplicó el número de focas muertas en la campaña de ese año. Poco tiempo después, una productora cinematográfica de bajo presupuesto usó el miedo para conseguir pingües beneficios utilizando un medio más innovador que el usado por Wells: internet. Por entonces no había bots, pero sí jóvenes dispuestos a, por unos dólares, entrar en chats y contar la historia de unos amigos suyos que habían desaparecido en un bosque. La aventura de esos «amigos» resultó ser aterradora y, lo más impactante es que había quedado registrada en sus videocámaras. También comentaban que con el material grabado se hizo un montaje que podía verse en los cines. A base de los terroríficos testimonios que vertieron en la red, consiguieron que *El proyecto de la bruja de Blair* se convirtiera en una de las películas más rentables de la historia. El miedo volvió a funcionar. Unos años más tarde, aprovechando un hecho puntual (un niño resultó herido por un navajazo), una compañía japonesa logró hacer un gran negocio vendiendo chalecos antiapuñalamiento para niños cuyo nombre comercial era —pensando en sus posibles compradoras— «madre». Son tres ejemplos que demuestran que, en el mundo actual, al igual que ha ocurrido siempre, el miedo es la mejor forma de vender un producto.

ESPAÑA, CAMPEONA DE EUROPA EN VENDER MIEDO

¿Respondiste a las preguntas del recuadro anterior? ¿Te han intentado vender una alarma usando el miedo como argumento de venta? No queremos opinar sobre lo conveniente o no de instalar una alarma, pero sí animarte a darte cuenta de que el miedo es una potente herramienta de venta. ¡Y funciona! Por ejemplo, en España.

Lo curioso es que en este país, los índices de delincuencia son muy inferiores a la media europea. Pero, pese a ello, se ha ganado la medalla de oro en la compra-venta de miedo: es el cuarto país del mundo con más alarmas (solo superado por Estados Unidos, Japón y China).[1]

¿Están en España los campeones en vender y comprar miedo de Europa? Parece que sí.

Hay muchas personas y organizaciones a las que les interesa «vendernos miedo». Y para hacerlo resulta esencial, desde la época de Orson Welles, utilizar como amplificador los medios de comunicación de masas. La radio que él usó, la prensa, la televisión, el cine o las actuales redes sociales son la mejor manera de multiplicar nuestros terrores. El asesor presidencial Gavin de Becker, autor del libro *The Gift of Fear*, nos recuerda en su obra el papel esencial que tienen estos canales. La necesidad de crear contenidos impactantes (aunque sean inventados) transmite una visión alarmista del mundo, poblada de problemas insalvables. De hecho, como nos recuerda este autor, fue la prensa (sobre todo la local, que siempre anda escasa de noticias) la que creó el miedo a la invasión extraterrestre de la que se sirvió Orson Welles.

El objetivo de la fabricación del temor es anular nuestro lado crítico. El psicólogo Robert Cialdini nos recuerda que, por ejemplo, los vendedores de seguros intentan implantar imágenes de los riesgos que corremos para que estén presentes en nuestra toma de decisiones y nos olvidemos de

---

1. https://www.expansion.com/empresas/distribucion/2019/08/22/5d5eb424468aeb-b6748b456d.html

la poca probabilidad de que esos sucesos ocurran. Se quedarán solo con los ejemplos que acentúen el pesimismo («¿Conoce usted alguna persona que haya quedado incapacitada a temprana edad?». «¿Sabe que en su barrio ardió una casa el año pasado?»). De esa forma se aseguran de que activemos los sistemas de defensa más viscerales y utilicemos poco el córtex cerebral, tomando decisiones completamente irracionales.

EL PODER

DE LOS TITULARES

¿Tienes un minuto? Te proponemos un test sencillo que es mejor responder con rapidez. A continuación tienes varios titulares extraídos de periódicos españoles de los últimos meses. Solo uno de ellos es falso, ¿sabrías decirnos cuál?

a) «Detenida una banda de albanokosovares, parte de los cuales residían en Tineo».

b) «La policía desmantela dos redes criminales de rumanos dedicados a la prostitución en Almería».

c) «Madrid: Tres menores nigerianos detenidos por robos con violencia».

d) «Operación de la Guardia Civil contra la mafia china en Barcelona».

e) «Una banda de españoles detenida por varios robos con intimidación».

f) «El ecuatoriano Gilbert Jaramillo, "El mons-
truo de Machala", cumple una condena de
45 años de prisión por la violación y el asesinato de...».

Suponemos que no te ha costado mucho deducir
que e) es un titular inventado. ¿Te has dado cuenta de que, en general, los periodistas no recuerdan
el país de origen cuando el delincuente ha nacido
en el lugar donde comete el crimen? Vende menos
el miedo al vecino del piso de al lado, aunque es-
tadísticamente es más probable que tengas un
problema con él o ella, que con una persona al-
banokosovar. Los medios necesitan clics. Y esa es
la forma en que los diarios en busca de nuestro
tiempo de lectura nos venden el miedo al inmi-
grante. Se tiende a subrayar la nacionalidad
cuando la persona es extranjera y eso acrecienta
la alarma social: nos parece que casi todos los
delitos los cometen personas de fuera, porque
solo en esos casos se menciona el país de origen.
Algo similar ocurre cuando se redactan titulares
donde se comparte el diagnóstico de salud mental que acompaña a la persona que ha protago-
nizado el hecho noticiable. Al final nos quedamos
con la idea de que las personas con algún trastorno mental son más violentas o proclives a realizar algún acto vandálico, cuando no es así. Si la
prensa empezara a dar cuenta en las noticias

sobre la salud visual de los delincuentes —algo que podría ser así: «El asesino con presbicia ya ha sido encarcelado»—, acabaríamos asustándonos al tener al lado a un señor con gafas. El miedo al final se convierte en el mejor vehículo para la estigmatización.

Los traficantes de miedo nos manipulan, entre otras cosas, porque somos más susceptibles a abrazar esta emoción. La elegimos por encima de cualquier otra. Hablamos en nuestro anterior libro de la ley de la asimetría hedónica que defiende el psicólogo Nico Fridja. Según este autor, las emociones placenteras tienden a diluirse. Pierden fuerza aunque persista la situación que las desencadena. Sin embargo, las negativas mantienen un nivel alto de activación mientras la causa siga ahí. No se desvanecen. Por eso acabamos por acostumbrarnos a algo que nos produce alegría. El quinto gol de tu equipo de fútbol, cuando ganas 5-0, no te pone tan feliz como el primero. Por el contrario, nuestros temores permanecen con nosotros hasta que no desaparece el estímulo que los causa —algo que pocas veces ocurre con muchos de nuestros miedos actuales, que nos acompañan desde la mañana hasta la noche—. La conclusión es que las emociones no son simétricas: las de valencia positiva tienen menos intensidad y duración que las negativas. Cuando se repiten, los sucesos que antes nos encantaban y producían alegría, se convierten en neutrales. Pero no ocurre lo mismo con los negativos. El origen adaptativo que subyace a la ley de Fridja es fácil de entender. Las emociones no están hechas para que seamos felices, sino más bien para que nos adaptemos al medio y sobrevivamos. Por eso en los periodos de bonanza acabamos por acostumbrarnos, y dejamos de sentir alegría por el bienestar. El sistema se activa solo cuando las cosas van mal: entonces producen sentimientos como el miedo que nos llevan a huir o actuar.

Es obvio que los vendedores de miedo saben de su poder. Quieren que tengamos el piloto rojo del pánico encendido el mayor tiempo posible. Intentan convencernos de que cualquier incertidumbre, tensión o problema es un síntoma catastrófico. El ejemplo clásico de esta tensión continua es el guion de Welles. Combinaba normalidad —un programa de radio musical— con pinceladas de miedo —intervenciones de los corresponsales que contaban la catástrofe—. Activó en su audiencia el modo pánico. Si hiciéramos caso a estos asustadores, viviríamos continuamente en estado de alarma y, además, crearíamos un efecto de «profecía autocumplida»: por el hecho de hablar sin parar de lo malo, acabaríamos viviendo como si eso fuera lo único que existe. ¿Te suena de algo?

¿QUÉ CAMPAÑA DE PUBLICIDAD TE MARCÓ MÁS?

Hace unos años la OMS publicó un listado con las campañas de publicidad más efectivas para la prevención de los accidentes de tráfico. Con el estudio buscaban ayudar, con mensajes validados, a los responsables de cada país encargados de elaborar las próximas campañas.[2]

Etienne Krug, director por entonces del departamento de la OMS de Prevención de la violencia, lesiones y discapacidad, comentó que el punto en que coincidían las historias más efectivas era que ponían el foco en «mostrar las consecuencias dramáticas para las víctimas y sus familiares».

Los spots seleccionados no te animaban a conducir mejor, sino que te mostraban lo que te pasaría si tuvieras un accidente por exceso de velocidad. Y luego, ya sabes, aparecía una pregunta del estilo: ¿te gustaría ser la próxima víctima? Veíamos, leíamos y escuchábamos imágenes y mensajes que daban miedo. Campañas que, según la OMS, funcionaban.

Con el mismo estilo hemos visto spots de televisión que buscaban sensibilizar sobre el consumo de drogas o la transmisión del VIH.

Y ahora la pregunta es para ti. ¿Qué spot recuerdas más? ¿Alguno te hizo ponerte el cinturón de seguridad, levantar el pedal del acelerador o evitar alguna otra conducta de riesgo? ¿Ese anuncio vendía miedo o simplemente aportaba información?

---

2. https://www.europapress.es/motor/seguridad-00643/noticia-oms-recoge-web-campanas-mas-efectivas-contra-accidentes-20140127125907.html

Por suerte, analizar sus tácticas sirve para aminorar sus efectos. En realidad, no es tan sencillo crear miedo... ni siquiera siendo tan bueno como Orson Welles. Los sociólogos Robert Bartholomew y William Bainbridge publicaron hace unos años un estudio en el que rebaten los supuestos efectos de la emisión de *La guerra de los mundos*. Es cierto que algún testigo de la época afirmó haber olido el gas venenoso marciano, sentido los rayos caloríficos y charlado con alguna criatura extraterrestre. Pero esos no son efectos espectaculares: cualquier buen narrador lo consigue contando un relato de miedo a un amigo influenciable.

Aparte de ese tipo de anécdotas, como recuerdan los autores del estudio, no existe dato alguno que concuerde con la idea del pánico colectivo: ni hubo huidas en masa, ni ataques al corazón por miedo a lo que se estaba narrando en la radio, ni, por supuesto, suicidios de personas asustadas. Solo un cierto temor e incertidumbre por un posible estallido bélico, algo bastante natural en un momento de estrés colectivo, en el que se barruntaba el comienzo de la Segunda Guerra Mundial.

Eso sí, su programa de lecturas dramatizadas de clásicos de la literatura siguió emitiéndose durante bastante tiempo después. El objetivo se cumplió. Mantuvo su contrato con la emisora de radio. Como suele ocurrir, la creación de miedo fue eficaz porque así somos: seres muy fáciles de manipular a través del miedo.

EXTRA
EXTRA
UNA PREGUNTA PARA LOS AUTORES

Vale, somos miedosos. ¿Qué podemos hacer para superar nuestros miedos?

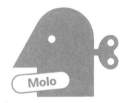

Molo

No es una pregunta fácil, así que primero te voy a preguntar a ti: ¿qué tal te llevas con el miedo? Parece que hay personas que lo gestionan mejor que otras, ¿verdad? Los genetistas nos cuentan que venimos al mundo con diferentes variantes de la enzima COMT (catecol-O-metiltransferasa), que se encarga de degradar catecolaminas como la dopamina o la noradrenalina. En un momento de estrés, y el miedo es muy estresante, los niveles de estas neurohormonas se disparan. Si te ha tocado el genotipo Val de las COMT, reduces más rápido el nivel de monoaminas, si no, estarás más tiempo con el agobio y la preocupación.

Molo

Me gusta compartir este dato porque a veces nuestras diferencias individuales vienen por el azar genético. Y ya está.

Dicho esto, por un lado está cómo lo gestiona nuestro cuerpo y por el otro qué podemos hacer para que el miedo inútil y falso —porque cuando es útil y real, bienvenido sea— no gane siempre la partida.

¿Recuerdas cuando en el colegio te contaban acerca de los experimentos de Pávlov con los pobres perritos? En ellos, los animales acababan asociando un estímulo neutro —el sonido de una campana— con algo bueno o algo malo. El primer sonido de la campana anunciaba la presencia de comida en el plato y el segundo indicaba que había llegado el momento de parar de comer. Si el animal no abandonaba el plato tras el campaneo, recibía una descarga eléctrica. No le hicieron falta muchos ensayos a Pávlov para conseguir que los perritos aprendieran a temer a la segunda campana. Y tampoco les cuesta mucho a los traficantes de miedo que asociemos estímulos neutros a falsos acontecimientos terroríficos.

De forma parecida a como hacía Pávlov, los profesionales del miedo han conseguido que el lugar de nacimiento del vecino, su ocupación o costumbres nos generen, al menos, preocupación. También el mostrarnos tal y como somos, si no cumplimos con los cánones establecidos.

Molo

La parte buena es que los perros de Pávlov también aprendieron a desligar la campana del plato lleno y de la descarga. Sus colaboradores consiguieron deshacer el entuerto, desensibilizar a los animales, desvincularlos de esos estímulos condicionados. Lo hacían exponiéndolos de nuevo a ellos sin que nada pasara (ni comida ni descarga). Supongo que si fueras un neoyorquino en 1938 y hubieses puesto la radio el día de la «bromita» de Welles, te hubieras quedado en shock. Tal vez, cuando anunciaban que las naves alienígenas estaban aterrizando en Times Square, podrías optar por quedarte debajo de las sábanas o por mirar «el espectáculo» desde la ventana. Si te escondieras bajo las sábanas, el miedo permanecería contigo (como el convencimiento de que la campana antecede a la descarga). Si hubieras optado por echar un vistazo desde la ventana, el miedo se habría acabado. No había naves ni extraterrestres en Time Square. Y eso pasa con muchos miedos inútiles y falsos que, al no exponernos a ellos, los mantenemos y agrandamos pese a que hayan dejado de estar ahí o nunca hayan existido más allá de nuestra imaginación. Así que, ¿qué podemos hacer con los falsos miedos? Pues tal vez mirarlos desde la ventana y ver si son realmente tan temerosos como nos han —o nos hemos— contado.

Luis

Completamente de acuerdo, Molo. Yo creo que es buena táctica intentar afrontar los falsos miedos, los que nos imponen desde fuera a través de estas técnicas de manipulación. Pero también quiero recordar al lector que, en psicoterapia, el temor es una emoción sana. El miedo activa nuestra mente y la pone en estado de alerta. El resultado es la precaución: no nos acercamos a aquello que tememos hasta que lo analizamos y llegamos a la conclusión de que es seguro. La aprensión en estos casos es adaptativa: nos preserva de peligros que nos compensa evitar. Aquí van algunos ejemplos que me han surgido en las sesiones:

El miedo es una emoción adaptativa cuando nos impide ir muy deprisa en asuntos en los que no nos desenvolvemos bien. En psicomotricidad, por ejemplo, es típico observar cómo las personas que tenemos menos flexibilidad (yo me muevo como un oso borracho) actuamos con aprensión cuando tenemos que realizar movimientos rápidos. Este recelo nos ayuda a encontrar poco a poco nuestra propia forma de movernos con seguridad... sin romper nada ni caernos. También es importante en los que somos distraídos: la cautela es necesaria, por ejemplo, para no ser atropellados (recuerda que Gaudí y Pierre Curie son dos ejemplos de sabios despistados que fallecieron de esa manera).

Luis

También es útil el temor que nos impide entrar en mundos que podrían ser perjudiciales para nosotros por nuestra forma de ser. Un ejemplo clásico es el desasosiego ante las drogas que experimentan los individuos tendentes a la adicción. Para ellos, acercarse a esas sustancias es más peligroso que para otras personas y hacen bien en temerlas.

Por último, hay otra «cobardía» adaptativa: la que nos permite ir encontrando la forma de vivir que mejor optimizará nuestro patrón de personalidad. Los introvertidos, por ejemplo, solemos sentir horror a lugares como las discotecas. Y eso es sano porque nos ayuda a buscar otras maneras de relacionarnos con los demás más tranquilas, en las que nos desenvolvemos mucho mejor.

Así que yo creo que nuestros terrores favoritos, aquellos que surgen desde nuestro propio yo, sin imposiciones, son buenos para nosotros. Creo que nos podemos hacer amigos de nuestros temores, y recordar que los únicos que no tienen miedo son los psicópatas, y eso no es necesariamente bueno para ellos. Hay que perder miedo al miedo. ¿Te has fijado en que las alteraciones biológicas que produce no se sienten siempre como una emoción negativa? La excitación fisiológica que produce es similar a la de la euforia. Quizá por eso a muchas personas nos gusta ver películas de terror.

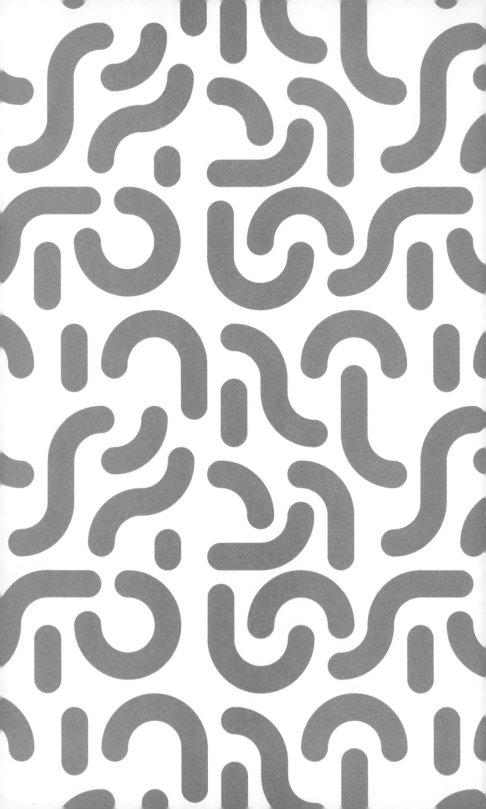

Somos buscadores de sentido

ANTES DE EMPEZAR

Antes de empezar a leer el capítulo te planteamos un sencillo enigma. Se trata de unir estos nueve puntos utilizando solo cuatro líneas rectas y sin levantar el lápiz o el dedo del papel:

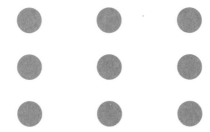

K enneth Arnold se hizo famoso, en parte, gracias a lo que avistó en el cielo el 24 de junio de 1947. Pero en realidad debería haber pasado a la historia no por lo que él vio, sino por lo que consiguió que viéramos después...

A las dos de la tarde este hombre de negocios, que viajaba solo en su avioneta privada, observó un resplandor entre las nubes. «¿Qué será?», se preguntó. El interés por salir de dudas lo llevó a acercarse un poco más. Vio que se trataba de una formación de nueve objetos de aspecto peculiar. Y ahí terminó la aventura: no tuvo la sensación de que ocurriera nada extraño y en el informe que redactó después insistió en que tuvo la certeza, todo el tiempo que duró el incidente, de estar contemplando aviones con propulsión a chorro.

Después, comentando el incidente, Arnold introdujo una metáfora visual: dijo que los aviones «se movían como si fueran platillos saltando sobre el agua». Un periodista avispado adivinó las posibilidades del término platillos volantes y publicó una versión del encuentro en la que los objetos tenían esa estrambótica forma. Y, a partir de entonces, ese fue el nombre genérico con el que etiquetamos a los objetos del cielo que no tenemos suficientes datos para identificar.

Maticemos que en el resto de las primeras entrevistas que concedió nuestro protagonista, tanto a medios locales como a periodistas ávidos por encontrar noticias misteriosas —esas que tanta expectación generan—, nunca dijo que esos «aviones raros» que divisó se parecieran a platillos. De hecho, siempre defendió que estaban demasiado lejos como para saber qué forma tenían. Pero el término que se le escapó casi de soslayo en una única entrevista tuvo éxito. Y desde los años cincuenta, la inmensa mayoría de las personas que ven cosas extrañas en el cielo deciden que esos aparatos tienen esa forma inusual y tan poco aerodinámica. No importa la incongruencia de que esa supuesta civilización avanzada que viene a invadirnos no haya averiguado aún algo que cualquier niño pequeño sabe: los aviones de papel vuelan mejor si son puntiagudos. ¿Qué psicoaprendizaje nos llevamos? Pues que la presión social —transmitida en este caso a través de los medios de comunicación— ha conseguido cambiar la percepción de miles de personas. A día de hoy, ya no cabe duda, si ves algo raro en el cielo... son platillos volantes.

Casi una década después de que Arnold fijara en nuestra retina los platos que vuelan (y obligara a los diccionarios a dar una acepción más a la palabra «platillos»), el 21 de agosto de 1955, un pequeño pueblo de Estados Unidos llamado Kelly se hizo famoso.[1] El motivo no fue baladí: según los miembros de la familia Lankford, sobre sus cielos estaba comenzando (entendemos que después del fallido intento de Welles), la invasión extraterrestre de nuestro planeta...

Los Lankford vivían en una granja pequeña y humilde. No llegaba el agua a su casa y para ir al baño tenían que salir de la vivienda. La letrina estaba fuera. Ese día había venido a visitar a la familia un tal Billy Ray Taylor. Bebieron algo (probablemente una ingente cantidad) de cerveza y el invitado salió a satisfacer sus necesidades fisiológicas. De camino a la letrina se encontró con nada más y nada menos que una nave espacial.

Por lo visto, el buen hombre inicialmente no se lo dijo a nadie: o dudaba de sus sentidos tras la ingesta de alcohol o estaba acostumbrado a los platillos voladores. Pero justo cuando entraba de nuevo en la casa de los Lankford para dar otro sorbo a su copa, la madre de la familia vio a una criatura del espacio a través de la ventana de la habitación, gritó y empezó a disparar. Todos se atrincheraron en la casa con sus numerosas armas, abriendo fuego por las ventanas contra los alienígenas. Este hecho debería estar en los libros de historia: gracias al clan de los Lankford la Tierra evitó la invasión. Pero ¿cómo eran los extraterrestres con los que se batieron en duelo?

---

1. https://skepticalinquirer.org/2006/11/siege-of-little-green-men-the-1955-kelly-kentucky-incident/

Los describieron como seres diminutos y plateados, con grandes ojos redondos y con manos y pies palmípedos. Los bichos, repetimos, eran de color plata. Pero nuevamente los periodistas, cuando narraron el suceso, jugaron con las palabras... y ganaron. En inglés, «kelly green» es un color verde brillante y a los reporteros les pareció una idea genial crear titulares donde la tonalidad de los invasores y el nombre de la localidad que trataban de invadir coincidieran. Total, entre plateado y verde plateado, lo mismo da que da lo mismo. ¡Que los testimonios exactos no te estropeen un buen titular! A partir de entonces, en todas las crónicas sobre el tiroteo —que fueron muchas— los extraterrestres acabaron por convertirse en hombrecitos verdes.

El asunto se convirtió en un clásico de la cultura popular estadounidense porque siete adultos y tres niños, varios de ellos en estado de embriaguez etílica, estuvieron horas disparando a lo que ahora se cree que eran búhos reales. Y gracias a este fantástico incidente, cuando vemos a un marciano dentro de una nave espacial (en forma de platillo, por supuesto), no tenemos duda alguna sobre su color de piel: es verde.

La percepción es algo más que una fotografía de la realidad. Muchos de los estímulos del ambiente son ambiguos: pueden interpretarse de maneras diferentes. Y cuando no sabemos muy bien lo que estamos viendo, lo que hacemos es recurrir a etiquetas previas. ¿Te cuesta creer que nuestra visión está mediada por lo que ven los demás? Te vamos a contar uno de los experimentos más famosos de la historia de la psicología que quizá te convenza del efecto que los

demás tienen sobre nuestra percepción. Lo realizó el psicólogo Solomon Asch. Su desarrollo era simple: consistía
en mostrarle a una persona lo que ves aquí: una línea situa-
da a un lado y otras tres, de diferentes tamaños, dibujadas
al otro. Después le hacía una pregunta sencilla: ¿cuál de las
tres líneas de la derecha consideras que es igual a la de la
izquierda?

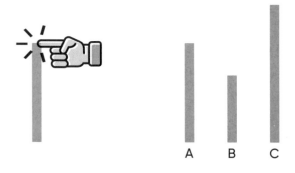

Cuando la persona respondía individualmente a la
pregunta, no tenía ningún problema en discernir que una
—en este caso, la A— era claramente igual a la línea que
Asch señalaba con un puntero. Pero todo era diferente si
el sujeto experimentado se encontraba en una fila y sus
compañeros (cómplices del experimentador) respondían
antes de que llegara su turno, que la respuesta correcta
era la B. Entonces, una gran cantidad de individuos asu-
mían el diagnóstico del grupo y decían que la B era la respuesta correcta. Mira de nuevo la imagen. ¿No resulta
alucinante?

Cuando se les preguntó después a qué había sido debido su error, muchos reconocieron haber respondido mal

por vergüenza o desidia, aunque conocían la respuesta correcta. Era de esperar: en muchas ocasiones, no manifestamos nuestra opinión por inseguridad o porque no nos merece la pena estar en desacuerdo. Hasta ahí todo era esperable. Pero lo que sorprendió a Asch fue que había un grupo considerable de personas que afirmaban estar convencidas de que la línea B era claramente igual a la señalada por el investigador. Era un error de percepción increíble: nadie hubiera cometido esa equivocación de forma individual. Punto a favor para la influencia social, que demostró tener tanta fuerza como para distorsionar la visión de más de uno.

A partir de ese experimento no quedó otra que lanzarse a investigar a fondo la enseñanza de Asch: ¿por qué los seres humanos cometemos tantos errores por el influjo de nuestros grupos de referencia? Pero, al igual que ocurre con los temas comentados antes, en este asunto también se ha dado otra vuelta de tuerca en la actualidad. ¿Y si en realidad el que nuestra percepción se guíe por la influencia de los demás es una respuesta muy adaptativa? ¿Y si nos viniera bien fiarnos de los sentidos de los demás por encima de los nuestros? Lo cierto es que en muchas ocasiones tan solo vemos algunos rasgos sueltos, y casi nunca podemos percibir un estímulo de forma completa. Las personas que nos rodean son una buena guía para rellenar los huecos que nos faltan.

¿Qué ves aquí? Tal vez sea solo una mancha de tinta. ¿Ves algo más? ¿Te animas a describirlo?

La pareidolia es un fenómeno psicológico muy interesante que responde a esa necesidad. ¿A que no has podido evitar ver algo en esta mancha? Este hecho se produce porque el cerebro humano tiende a buscar y encontrar patrones significativos o formas reconocibles en estímulos aleatorios o ambiguos, como la mancha que has visto, las nubes, las sombras, los ruidos, etcétera. Y estos estímulos, una vez que los has descrito, buscado parecido y dado vida, pueden ser interpretados como objetos reales, animales, rostros o figuras simbólicas, aunque en realidad no existan en la realidad física. Siguen siendo lo que son.

¿Y por qué tenemos instalada de serie la app de la pareidolia en nuestro cerebro? Mira, en el Paleolítico, si entreveíamos rasgos esbozados de un tigre de dientes de sable en el bosque, más nos valía tirar de esta app cerebral, completar la figura en nuestra mente y echar a correr. Somos descendientes de aquellos que rellenaban de inmediato el resto de la información, porque quienes tenían aún instalada la versión 1.0 y esperaban a ver el depredador entero antes de huir murieron sin dejar descendencia.

¿Crees que con el paso de los siglos ya hemos frenado ese impulso innato que nos lleva a completar las formas hasta encontrar sentido a lo que vemos? Te contamos una historia con elementos absolutamente contemporáneos para que puedas ver la vigencia del mecanismo. En los inicios de la era espacial, la sonda Viking llegó hasta el planeta rojo: Marte. La nave no tripulada de la NASA estaba fotografiando una zona llamada Cidonia cuando, de repente, una de las imágenes plasmó algo que de ninguna manera debería estar allí. Se trataba de un gran rostro tallado en piedra de un kilómetro de ancho que miraba hacia el cielo sin pestañear. Parecía una cara con el ceño fruncido, indiscutiblemente humana. Hubo quien dijo, incluso, que tenía el tipo de facciones que esculpían los artistas de la Grecia clásica. Lo más inquietante era que, por el número de cráteres de impacto, se podía calcular que el tipo de roca en la que estaba modelado aquel gigantesco semblante pertenecía a una meseta de cientos de millones de años de antigüedad. Enseguida, miles de personas en el planeta Tierra empezaron a evocar a los antiguos, inteligencias míticas anteriores a los seres humanos de larga proyección en la imaginación popular, desde la mitología egipcia hasta la saga de *Stargate*, pasando por las novelas de Lovecraft. Ahí se hallaba la prueba que estaba esperando ese vecino tuyo (si es que en los años setenta del siglo pasado ya poblabas la Tierra) para confirmar su teoría: ¡no estamos solos! Claro que la bonita historia se tambaleó cuando, años después, esa misma zona de Marte volvió a ser fotografiada y se comprobó que todo había sido un efecto óptico. Pero la historia no se vino abajo. El engaño persistió. Tu vecino se quedó con la primera imagen. La que corroboraba su teoría. De hecho, muchas personas siguen creyendo a día de hoy en la veracidad del «Rostro marciano».

La pareidolia, la necesidad de darle sentido, nombre y atributos a todo lo que vemos, es un fenómeno común. Te pasa a ti y nos pasa a nosotros. Se ha observado en personas de todas las edades y culturas. Es una forma natural de procesamiento de la información por parte del cerebro humano, que busca constantemente meter aquello que percibimos en su cajón correspondiente. Porque tendremos la habitación desordenada, pero los estímulos no. Todos tienen que estar etiquetados y ordenados a la perfección. ¡Queremos saber qué estamos viendo, ponerle nombre, saber si es bueno, malo o inocuo! Y cuando no tenemos ni idea, miramos lo que hacen o dicen los demás y lo damos por bueno. Y, de nuevo, el precio a pagar por utilizar este atajo mental (confiar en la etiqueta que tus familiares o conocidos pongan a la realidad) en ocasiones puede ser demasiado grande, pero no siempre. Sí, es cierto que quizá por influencia social veamos los ovnis con formas fantasiosas y a los marcianos de color verde, pero a cambio aprendemos, por ejemplo, a saber qué es comestible y qué no —a partir de las pautas que nos dan los demás—. Y esto último sí que es de vital importancia.

De hecho, la pareidolia no deja de ser uno de los muchos fenómenos psicológicos que persigue el gran objetivo de la humanidad: la búsqueda de sentido. Nuestra mente, esa que intentamos entender en nuestro pódcast, quiere saber. No para. Busca sin cesar un propósito a la vida y al mundo que le rodea. Y si no lo vemos claro (algo que se nos antoja complicado), nos dejaremos llevar por aquellos que en apariencia conocen el camino y nos indican el objetivo que debemos perseguir. Así resolveremos el gran enigma y continuaremos con nuestras vidas.

Y al igual que algunos tratan de decirnos para qué hemos venido al planeta Tierra, nosotros también se lo decimos a los demás. Si, por ejemplo, unos padres deciden que su hijo es problemático y que ha venido al mundo a amargarles la existencia, todo lo que haga será interpretado como síntoma de sus perturbaciones. Y ya no importará que la razón desmienta el diagnóstico inicial. En general, cuando alguien recibe una etiqueta estigmatizadora, todos sus actos son interpretados desde esa calificación.

Nos cuesta ver el mundo libremente, escapando a la forma que nos dictan los demás. Es lo que ocurre con el problema que te hemos planteado al principio del capítulo. ¿Conseguiste resolverlo? Es sencillo, pero para lograrlo hay que «salirse del marco», pensar fuera del rectángulo de nueve puntos en el que tendemos a encorsetarnos. Una posible forma sería esta, porque caminos, hay muchos:

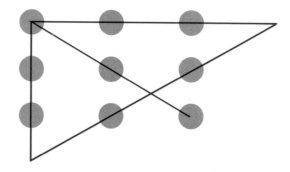

El problema es importante porque desafía la forma en que pensamos y percibimos el mundo. Muchas personas intentamos resolverlo dibujando líneas dentro del área de los nueve puntos, sin darnos cuenta de que en ningún momento se nos limita a extendernos fuera. La psicología de la Gestalt utilizaba este acertijo para mostrar que nuestras suposiciones y expectativas pueden limitar la capacidad para resolver problemas. En la vida cotidiana estamos igual de limitados por las etiquetas que los demás nos imponen. Si el grupo (familia, amigos, compañeros de trabajo) decide que una persona es cobarde, inmadura o tímida, todo lo que haga será percibido desde esos adjetivos. Y, al final, acabará siendo esclava de su propia etiqueta. Como los extraterrestres, que al principio eran del color que les daba la gana y ahora son verdes porque los queremos verdes, como reclamaba Federico García Lorca en su recordado poema: «Verde que te quiero verde». Pues venga, que sean verdes.

EXTRA

EXTRA

UNA PREGUNTA PARA LOS AUTORES

De acuerdo, somos buscadores de sentido y eso a veces nos limita. ¿Qué podemos hacer para aminorar ese efecto?

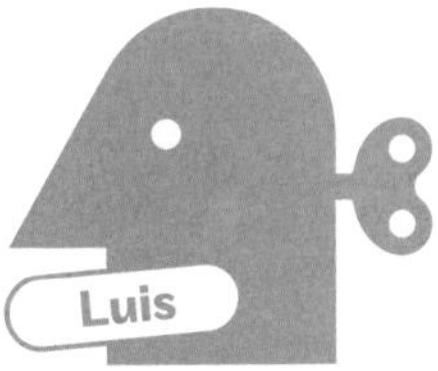

Voy a contaros una técnica que yo tiendo a aplicar a menudo en terapia y en mi vida personal (luego te explico por qué en esta última tengo que hacerlo con cuidado). Se trata de la mayéutica, la estrategia de diálogo que utilizaba el filósofo Sócrates. El término viene de la palabra griega «maieutikē», que significa «dar luz». Lo que él hacía era intentar ayudarnos a descubrir la verdad (la luz) por nosotros mismos a través de un proceso de preguntas y respuestas. Elegía las primeras para que descolocaran al interlocutor, para conseguir que saliera de esas etiquetas preestablecidas que la sociedad y la costumbre nos imponen.

Yo intento, en terapia, hacer ese tipo de preguntas incómodas. Busco ayudar al paciente a salirse de inercias mentales que encorsetan el pensa-

Luis

miento y nos llevan a círculos viciosos. También lo hago conmigo mismo. Puedo, por ejemplo, intentar descolocarme replanteándome las etiquetas que uso con otras personas.

Eso sí, te decía que en la vida cotidiana me cuesta más usar la técnica, porque descolocar a los demás genera mucha tensión, y no siempre es bien recibida. En esos casos intento recordarme a mí mismo que Sócrates fue condenado a muerte por la sociedad ateniense debido, precisamente, a esa tendencia a cuestionarlo todo. Y tampoco quiero arriesgarme a eso.

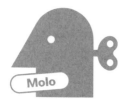

Molo

A mí me sirve ser muy consciente de que el peso de las etiquetas me condiciona. Porque somos «de poco trabajar», de aceptar en vez de pensar por nosotros mismos. A la hora de explicar cómo almacenamos los conceptos en nuestra memoria, entre las teorías más aceptadas (y también discutidas) está la de la psicóloga estadounidense Eleanor Rosch. Para ella, existe en nuestra mente un prototipo por cada categoría. Por ejemplo, si te digo la palabra «avión» a ti debería venirte una imagen: tu prototipo de un avión. De hecho, cuando ves un objeto en el aire

Molo

—según esta teoría— lo que haces es compararlo con los diferentes prototipos volantes que tienes en tu disco duro mental. Si es un objeto con alas y motor, se parecerá bastante al prototipo que tienes de avión y, aunque no sepas exactamente si se trata de un Airbus 360 o un Boeing 747, sabrás sin duda alguna, que eso no es ni un pájaro ni Supermán: es un avión. Cuando para algo no tenemos prototipo, lo empezamos a pasar mal. Nuestra cabeza requiere energía extra, y como antes te decía somos «de poco trabajar». Nos inquieta tener que crear un prototipo nuevo o hacer el esfuerzo de incluir lo que vemos, en los que ya tenemos, sobre todo porque cuando nos planteamos este dilema es porque no encaja con facilidad en ninguno. Imagínate que trabajas en una tienda y empiezas a vender un producto nuevo (traído por un extraterrestre que vino con chaleco antibalas por si acaso se cruzaba con los Lankford). Lo miras. Es cuadrado. Tiene asas. No tienes ni idea de para qué vale. Tu jefe te dice que debes incluirlo en la web de la tienda. Que te des prisa. Y, claro, no sabes en qué pestaña ponerlo. ¿En la de electrodomésticos? ¿En la de muebles? ¿En la de juguetes infantiles? Te rompes la cabeza. Cuando lo miras otra vez con más detenimiento caes en otra característica más: es hondo. Hondo, cuadrado y con asas. Bueno, no es exactamente como las ollas tradicionales, pero se le parece. ¡Va directo a la pestaña de cocina! Te quedas tranquilo o tranquila y continúas con el resto de las tareas. Dice el refranero español que «más vale malo conocido que bueno por conocer». Es más cómodo «lo de siempre». Nos genera tensión enfrentarnos a aquello que no sabemos identificar. Lo que no conocemos. Lo que no sabemos para qué sirve o cómo se puede comportar. Por eso, ante la duda, compramos el primer prototipo que nos venden, como el de los platillos voladores o el de los marcianitos verdes. También aceptamos la información que viene con el pack: los marcianos verdes quieren conquistar el planeta Tierra y los platillos voladores suelen aparecer por la noche. Hablar con los marcianos no parece tarea fácil, pero ¿y si solo querían jugar al Monopoly y salir de fiesta con los terrícolas hasta altas horas? Esta segunda explicación no nos encaja tanto, porque ya hemos comprado el «prototipo» de la primera. Si nos hubieran hecho a nosotros la dichosa entrevista, si hubiéramos sido los primeros en mantener una charla con un marciano o presenciar un avistamiento de un ovni, a lo mejor ahora los veríamos amarillos, divertidos y su medio de transporte sería mundialmente conocido como las latas volantes de Muiño y Molo.

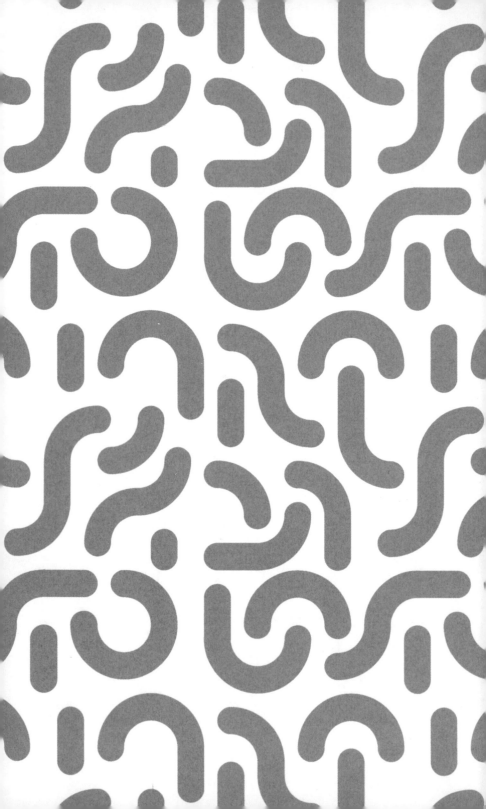

CAPÍTULO 3

Somos mentirosos

VAMOS A JUGAR UN POCO

Te vamos a pedir que por un momento te pongas en la piel de una persona a la que la policía acaba de detener. Sí. ¡Eres tú! ¡Te han pillado!

¿El motivo? ¡Has cometido un delito! Pero no estabas solo o sola. Junto a ti, en el momento en que os descubrieron, estaba Antonio, tu compañero de fechorías.

A él lo han puesto en una celda y a ti en otra, así que no os podéis comunicar.

La puerta de la tuya se abre y entra una abogada de oficio. Te informa, mientras camina hacia una silla, que te va a representar. Acaba de hablar con el juez. «Quiere encerrar diez años al culpable», comenta. Se sienta frente a ti y mirándote a los ojos, te dice: «No hay muchas pruebas, por lo que tu testimonio será de vital importancia para el desenlace del juicio».

Ana, así se llama tu abogada, te explica las opciones que tienes.

«Puedes denunciar a tu cómplice. Piensa que si él permanece callado y no te delata, saldrás libre».

La posibilidad de salir sin cargos te calma, pero la forma de conseguirlo te incomoda. Te viene a la cabeza tu socio. No le quieres perjudicar. Así que preguntas: «¿Qué le pasaría al "bueno" de Antonio si le delato?». Ella te dice que, en ese caso, a tu buen amigo le caerían diez años en prisión. Miras hacia arriba. Sigues pensando. Ana interrumpe tus cavilaciones: «Claro que puede ser que a él también se le ocurra denunciarte. En ese caso compartiréis el castigo, es decir, iréis cinco años a la cárcel cada uno».

Resoplas. Antonio es tu socio, pero no siempre ha sido un tipo de fiar. Te asaltan las dudas. El papel de delator o delatora no te convence. Pero ya has oído a tu abogada... Además puede que a tu socio le estén ofreciendo en este preciso instante las mismas opciones que acaba de comentarte Ana. Y si él te denuncia y tú no lo haces, vas a tener que pasar diez largos años de reclusión.

Tu cabeza va a mil. No quieres delatar a Antonio, pero cada vez aparecen nuevos «¿y si?», nuevas dudas. Tu abogada se levanta para irse, pero antes de que abandone la celda, le formulas una última pregunta: «Ana, ¿qué ocurriría si yo no denuncio a Antonio y él tampoco me denuncia a mí?». Te responde que, en ese caso, y con las pruebas tan débiles con las que cuenta la fiscalía, cada uno cumpliría, como mucho, un año de prisión...

Tienes dos opciones: delatar o callar. ¿Qué decides? Piénsalo. Al final de este capítulo te contamos más. Aunque puede que esta historia te parezca demasiado rebuscada e improbable, intuimos que en tu vida cotidiana, te ha tocado tomar decisiones similares. No tan «peliculeras», pero parecidas.

uesday Lobsang Rampa se hizo famoso y millonario cuando en 1956 publicó uno de los libros más vendidos de la historia. Su título era (y es, porque aún lo encuentras en librerías) *El tercer ojo.*

En esta obra contaba su historia. Nació en el Tíbet a principios de siglo y vivió en un entorno de creencias budistas. El paso de los años lo llevó a estudiar medicina tradicional en China y a vivir infinidad de aventuras. Algunas muy duras. Compartía en algunos capítulos sus experiencias tras los barrotes, porque fue prisionero en campos de concentración rusos y japoneses. Pero estos hitos no son los más fascinantes del libro.

El clímax de *El tercer ojo* es la narración de la experiencia más impactante en la vida del autor. Sucedió cuando tan solo tenía ocho años. Por entonces, uno de sus maestros perforó el centro de su frente, atravesando el cráneo del pequeño Rampa, y «abriendo» así el famoso tercer ojo que da título al libro.

Millones de personas en todo el mundo leyeron esta narración y quedaron fascinadas con el autor. No importó que en el libro hiciera algunas predicciones que, pese a sus supuestas habilidades proféticas —gracias a tener una mirada más amplia que el resto— resultaron erróneas. Falló, por ejemplo (afortunadamente), al vaticinar que la tercera guerra mundial estallaría en 1985. El fanatismo hacia su persona tampoco se vio afectado pese a que numerosos orientalistas comentaron que no parecía tener ni idea de budismo.

Es más: el libro no dejó de venderse cuando se descubrió que su autor realmente se llamaba Cyrill Hoskin, era hijo de un fontanero de la ciudad inglesa de Devon y no había estado en su vida en el Tíbet. Los lectores del libro siguieron aumentando y, de hecho, hoy en día muchas de las fábulas inventadas por el autor forman parte del imaginario colectivo sobre el budismo tibetano.

HASTA LAS INTELIGENCIAS ARTIFICIALES SE CREEN NUESTRAS MENTIRAS

La imagen de la trepanación de Tuesday Lobsang Rampa se hizo tan popular que, en pleno 2023, mientras escribimos el libro, esta es la respuesta que da una inteligencia artificial cuando se le pregunta sobre el tema: «La trepanación es una práctica quirúrgica que consiste en la perforación del cráneo mediante la eliminación de una sección del hueso, generalmente con un instrumento de perforación o una sierra. Esta práctica se ha utilizado durante miles de años en diversas culturas y para diversas razones médicas y rituales. En algunos círculos se cree que la trepanación puede ayudar a abrir el "tercer ojo", que es una metáfora para describir la activación o la expansión de la glándula pineal, una pequeña glándula en el cerebro que se encuentra justo encima del tronco cerebral y que es responsable de la producción de melatonina, una hormona que regula el ciclo de sueño-vigilia. La idea detrás de la trepanación para abrir el tercer ojo es que al eliminar una sección del cráneo, se reduce la presión intracraneal y se aumenta el flujo sanguíneo en el cerebro, lo que podría estimular la actividad de la glándula pineal y permitir una mayor percepción y conciencia espiritual».

Aunque después nos aclara que, por motivos médicos, es una práctica muy arriesgada, parece «creerse» toda la fantasía pergeñada por un joven de una pequeña localidad inglesa que no tenía ni idea de religión oriental.

El ser humano tecnológico del mundo moderno sigue tragando embustes, hasta cuando pregunta a las máquinas. Exactamente igual que como ha ocurrido a lo largo de toda la historia (aunque por entonces no existiera ChatGPT u otras IAs). Vamos que, asumámoslo: nos mienten y mentimos cada día. Pero para no hablar de las mentirijillas (o grandes fraudes) de nuestro entorno cercano, sigamos echando un vistazo a los bulos, patrañas y trolas más famosos. A continuación te contamos tres ejemplos de embustes célebres en diferentes momentos de la historia. Y es que hay cosas que no cambian ni cambiarán, y la mentira, entre otras funciones, le ha servido siempre a trileros y embaucadores para conseguir sus objetivos. ¿O acaso no te han engañado a ti?

Empezamos con Grigori Otrépiev. Era un monje ruso, corriente, del montón, que se convirtió en zar alegando ser el hijo menor de Iván el Terrible. Por entonces no había test genéticos, así que a Otrépiev le bastó con elaborar una historia sin fisuras. Decía ser el superviviente de un intento de asesinato por parte de los boyardos —así se llama a los nobles de los países eslavos— en el que además había muerto... su esposa. Remarcamos este dato porque Grigori carecía de pareja, ya que había tenido hasta entonces una vida monástica y de supuesto celibato. Pero la narración del terrible crimen y la muerte de su difunta esposa conmovió a quienes lo escucharon. Tanto como para no dudar de su testimonio y ser a día de hoy conocido como Dimitri I «el Falso». Reinó desde el 21 de julio de 1605 hasta el 17 de mayo de 1606, y en su breve época como zar encandiló a quienes le pedían que les relatara el crimen. Se ve que las historias de «true crime» que ahora pueblan los pódcast y plataformas de vídeo, ya eran célebres en la época.

En esa misma época, en España, el título de grande del engaño recayó en Catalina de Erauso (también conocida como Alonso Díaz, Antonio de Erauso y Francisco de Loyola). Y ahora es cuando te preguntas: ¿a Catalina se la conocía también como Alonso o Antonio? Sí. Porque se disfrazó de hombre para vivir una vida aventurera llena de peligros y hazañas. Hoy la conocemos con un sobrenombre más épico: «La monja alférez». A los cuatro años había ingresado en un convento, pero escapó a los quince. No quería abrazar la vida consagrada. Quería ser militar —como su padre—. Se unió al ejército... como un hombre más. Tras participar en varias guerras y batallas en Europa y Latinoamérica, incluida una lucha a muerte con un rival, obtuvo un cargo en el ejército como «alférez». Su violencia no se limitaba al ámbito bélico: también fue acusada de cometer varios crímenes, como robos y asesinatos. Eso sí, logró escapar de la justicia gracias a sus habilidades para el engaño y la persuasión. Si había conseguido burlar a todo un ejército, cómo no iba a camelarse a la justicia. Finalmente Catalina reveló su verdadera identidad y se convirtió en un fenómeno mediático. Fue una mujer de armas tomar, en toda regla, y una profesional de la engañifa.

A nuestro tercer embaucador de la lista lo encontramos en Inglaterra. George Psalmanazar contó a todo el mundo que era nativo de Formosa (actualmente Taiwán) y que su lugar de procedencia era un país de ensueño. Aunque su verdadero nombre era Pierre-Philippe Toussaint y había nacido en un pueblecito de Francia, su libro *Historia y descripción de Formosa* se convirtió en un best seller de la época. Psalmanazar inventó una escritura, una religión y un idioma falsos para su pueblo imaginario, y describió en el libro su vida y costumbres. Narraba con todo lujo de detalles, por ejemplo, cómo allí chupaban la sangre de serpientes venenosas, cada mañana, para conservar la juventud y vivir los ciento veinte años que, de media, alcanzaban los habitantes de Formosa; también mencionaba los terribles rituales donde sacrificaban a miles de jóvenes cada día, en crueles ceremonias. Como te contamos, hasta había inventado una lengua y explicaba en el libro la complicada gramática del formosiano. La explicó tan bien que, ya puestos, decidió que el siguiente paso iba a ser conseguir financiación para crear traducciones de la Biblia que le permitieran llevar la palabra de Dios a sus curiosos compatriotas. Sus fábulas lo convirtieron en un caballero respetado y millonario a pesar de que cometió un pequeño error: situó, en la portada de su libro, a la isla de Formosa en Japón. Y parece ser que el japonés no se parece mucho al «formosin». A pesar de este pequeño desliz, encandiló a su público inglés, incluidos nobles de la corte e intelectuales como Jonathan Swift o Samuel Johnson. Al igual que Catalina de Erauso, dio un giro final confesando su impostura y le salió igual de bien que a la monja alférez: aunque algunos se sintieron traicionados por su engaño, muchos otros se quedaron tan fascinados por su capacidad para crear un mundo imaginario y mantener en vilo a tanta gente con su impostura, que lo alzaron aún más. Se convirtió en un escritor y maestro de lenguas, y escribió varios libros sobre gramática y lingüística (de idiomas reales, eso sí).

NOS MIENTEN, MENTIMOS
Y TAMBIÉN NOS MENTIMOS

El experimento de Quattrone y Tversky

A mediados de los ochenta un experimento de psicología social llevado a cabo por los psicólogos George Quattrone y Amos Tversky en la Universidad de Stanford, nos hizo ver que «nos encanta autoengañarnos». Queremos ser siempre del grupo de los buenos, guapos, listos y sanos, y si hace falta, negamos la mayor.

En este estudio, a cerca de medio centenar de voluntarios se les pidió que realizaran una actividad sencilla: introducir sus brazos en una pila de agua helada. Se contabilizó el tiempo que aguantaban sin sacarlos.

Después se les dio una charla sobre salud. Ya sabes, consejos para implantar hábitos saludables y tener una vida más plena. Durante la charla se les contó, entre otras cosas, que existían dos tipos de corazones: los 1 y los 2. El primero era un corazón fuerte y resistente; y el segundo, por el contrario, era débil y propenso a enfermar.

Una vez terminada la formación, se dividió al grupo en dos. A la mitad se les contó que había una relación directa entre los datos que extraían del experimento y la calidad del corazón que tenían. De esa forma, podían conocer si los participantes eran Tipo 1 o Tipo 2.

Podríamos pensar: ¡qué bien! Si con este experimento sé qué tipo de corazón tengo, podré pedirle a mi médico indicaciones para cuidarme mejor.

¿Qué ocurrió? Pues que se pidió a los participantes que volvieran a hacer el test para confirmar los datos iniciales. Y aquellos que conocían la información de que aguantar más tiempo indicaba tener un mejor corazón, no sacaron los brazos hasta que empezaban a entumecerse. De media sumaban 10 segundos más con respecto a la primera inmersión. Quienes no lo sabían, duraban lo mismo... o menos.

> Lo mejor de todo fue que cuando les preguntaron a aquellos que habían mejorado sus marcas, si había tenido que ver la información que habían recibido, la gran mayoría dijo que no. «¡Para nada!, he aguantado sin problema porque mi corazón es Tipo 1», decían.
>
> Como ves, somos los primeros en mentirnos para sentirnos del grupo de «los elegidos», de los sanos, aunque sea a costa de pillar un resfriado. Ah, y por si te entran ganas de probarlo, que sepas que no existe relación alguna entre la calidad de tu corazón y el tiempo que aguantes con tus brazos metidos en una pila de agua congelada. Ahí les mintieron. Otro uso de la mentira: vale para estudios científicos.

Los seres humanos mentimos continuamente. Sí, tú también. A veces, lo hacemos por motivos supuestamente éticos: la verdad constante acabaría hundiendo a todo el mundo en la tristeza. Imagínate si te recordaran una y otra vez tus carencias, frustraciones y los defectos que no puedes reparar. Imagina si se lo hicieras a los demás. Tal vez les impedirías mantener esa chispa de optimismo y esperanza que necesitamos para lidiar con el día a día y, quizá, te quedarías sin amistades. Por eso tenemos una especie de acuerdo social implícito que nos permite soltar mentiras en vez de dejarnos llevar por la ira descontrolada. Aunque estemos muy enfadados, hay verdades que no decimos. Dar ciertos datos que solo van a servir para hundir a nuestro interlocutor es siempre un acto egoísta. Este fenómeno no es únicamente humano: los primatólogos Richard Byrne y Andrew Whiten postularon hace unos años la llamada «hipótesis de la inteligencia maquiavélica». Según estos investigadores, el papel que desempeñó la mentira en la vida social de los primates contribuyó en gran medida a la rápida expansión de su inteligencia. Es decir: disimular, contar ciertas cosas a unos y no a otros, y graduar la información en función de las circunstancias, es parte de la inteligencia interpersonal. Sí, lo acabas de leer. Para estos científicos la mentira es un signo de inteligencia.

Pero no hay que blanquear la mentira. En muchas ocasiones tiene objetivos puramente egoístas. Por eso tratamos de detectarla. ¿Quién no ha querido tener una máquina de la verdad en casa alguna vez? Sobre todo cuando tu primo empieza a contar sus batallitas. Para detectar las «medias verdades» se han intentado encontrar claves que desenmascaren a los impostores antes de que sea demasiado tarde.

Quizá algo se ha avanzado, pero casos como el de Lobsang Rampa —que comentábamos al principio del capítulo— demuestran que la tarea de dar con el mentiroso no es fácil.

Uno de los últimos investigadores que ha propuesto métodos para cazar embustes es Paul Ekman. Su madre se suicidó cuando él era un niño. Esta dura experiencia marca la vida de cualquier superviviente (así se denomina a las personas que han visto cómo un familiar o persona cercana fallece por suicidio). En su caso, le llevó a interesarse por las emociones que escondemos, aquellas que no verbalizamos pese a que las experimentamos. Las que ocultamos mediante el uso de la mentira. Su trabajo se centró en encontrar formas probadas científicamente para detectar aquello que los demás tratan de ocultarnos. Su propuesta se basa en el análisis de la comunicación no verbal, aquella que no incluye palabras. Según Ekman, podemos llegar a descubrir los mensajes falsos gracias a ella. ¿Cómo? Poniendo el foco no en lo que las personas dicen, sino en cómo lo dicen: nuestros movimientos corporales, nuestros gestos y las inflexiones de voz desenmascaran nuestras mentiras. La falsa sonrisa, por ejemplo, se distingue porque no alzamos las mejillas ni acompañamos la expresión con los músculos de los párpados.

LA SONRISA DE DUCHENNE

El médico francés Guillaume Duchenne bautizó con su apellido a la sonrisa genuina. Cuando analizaba la fisiología de las expresiones faciales, se dio cuenta de que no podemos «forzar» la sonrisa. Es decir, cuando sonríes de forma fingida (estamos seguros de que ahora mismo lo estás haciendo), es imposible que muevas todos los músculos que sí participan en la sonrisa genuina. La falsa sonrisa la generamos desde la corteza motora (es decir, la activamos nosotros), y la sonrisa Duchenne, desde los ganglios basales (se activa como reacción automática a algo que ocurre). Esta última implica la acción, entre otros músculos, del orbicular, que al contraerse eleva las mejillas y produce esas arrugas tan bonitas que aparecen alrededor de los ojos. A partir de ahora no vas a dejar de mirarle la frente a tus amigos y amigas cuando se rían después de que les hayas contado un chiste. Así sabrás si era realmente bueno.

Otro de los campos de estudio de Ekman son los microgestos. Toma nota ahora porque el psicólogo estadounidense nos ha dejado una guía para detectar a las personas que te mienten. Cuando faltamos a la verdad, según este investigador, realizamos un montón de gestos de indiferencia (como quitándole importancia a lo que estamos diciendo); buscamos el contacto con nosotros mismos para darnos seguridad —tocándonos la nariz o autoabrazándonos—, usamos expresiones exageradas (como la excesiva cara de alegría que ponemos cuando nos encontramos con alguien que no nos apetece ver), nos tapamos la boca (como sugiriendo que esas palabras no salen de nosotros) y nos agitamos más en nuestros asientos de lo habitual.

Y aquí es donde te preguntarás si a partir de ahora vas a tener que bajar el volumen de las conversaciones —o ponerte tapones en los oídos—, para centrarte en la comunicación no verbal de tu interlocutor. Pues parece que no. Y es que la comunicación verbal también está siendo objeto de estudio para los buscadores de mentiras. El «Análisis de Contenido Basado en Criterios», que se empezó a usar en la evaluación de la credibilidad del testimonio infantil, es un campo prometedor. ¿Qué nos está enseñando? Pues, por ejemplo, que cuando una persona miente, no suele añadir detalles anecdóticos o curiosidades a lo que está contando. La falsedad tiene que inventarse y por economía mental, cuando estamos engañando, no solemos detenernos a describir la habitación del hotel en la que supuestamente estábamos, la ropa de los compañeros de trabajo que nos acompañaron en la reunión que nunca tuvimos o las anécdotas graciosas del arreglo de la avería del coche que hemos inventado como excusa para llegar tarde. Por la misma razón, por ahorro de energía psicológica, las personas que mienten no suelen aludir a los sentimientos que experimentaron, nunca hacen correcciones espontáneas de lo que están contando (cuando decimos la verdad, sí) y no suelen admitir que, en ocasiones, tienen lagunas de memoria.

Estas técnicas suenan verosímiles. Pero, como sabemos por nuestra vida cotidiana, fracasan. Las personas mentirosas, por ensayo y error, acaban «mejorando» su técnica. Parece que aprender a controlar la comunicación no verbal no es tan difícil como podríamos pensar. Todos los fraudes que te hemos contado fueron cometidos por expertos en esas contratécnicas. Por ejemplo, Cyrill Hoskin, alias Lobsang Rampa, tuvo el acierto de incluir en su narración multitud de detalles que le daban viveza. Sabemos, por ejemplo, cómo era exactamente la lezna con la que le fue abierto el tercer ojo. Gracias a esa riqueza de detalles, no consiguió ninguna sabiduría especial desde el punto de vista del budismo, pero sí ser millonario, que es otra forma de tener un tercer ojo.

Hace ya mucho de ese mes de noviembre de 1956 en el que se publicó el citado libro, pero la fórmula de la mentira continúa funcionando y no hemos encontrado un detector fiable. Un artículo que reseñaba una investigación de la Universidad de Salamanca, titulado «¿Se pilla antes a un mentiroso que a un cojo?»,[1] nos recordaba que seguimos sin ser capaces de detectar las mentiras. La precisión humana está en torno al 55 %: de cada cien afirmaciones de otras personas, acertamos 55 y fallamos 45. Más o menos como si juzgáramos al azar. Y hay buenas razones para que no seamos buenos detectives.

La primera es nuestra propensión al autoengaño. Necesitamos creer a las personas con las que estamos vinculados porque sospechar continuamente sería agotador. Nuestra forma de amar y admirar a determinadas personas incluye aceptar pequeñas mentiras. Como afirmaba Cesare Pavese, «el arte de vivir consiste en el arte de aprender a creer en las mentiras». La necesidad de este mecanismo es muy clara si nos planteamos la «utopía de la verdad»: ¿te gustaría saber en todo momento lo que de verdad piensan los demás de ti? O, al contrario: ¿podrías mantener un vínculo profundo con alguien si supieras, en todo momento, todo lo que siente, piensa o hace esa persona?

---

1. Jame Masip, «¿Se pilla antes a un mentiroso que a un cojo? Sabiduría popular frente a conocimiento científico sobre la detección no-verbal del engaño», *Papeles del Psicólogo*, 2005, vol. 26, pp. 78-91.

La segunda razón es que la detección fiable de la mentira es incompatible con la complejidad de los sentimientos humanos. Las teorías simplistas dirían que las trolas y bulos nos generan ansiedad y, por el contrario, la sinceridad absoluta, relajación. Pero la sentimentalidad humana es más compleja. Nos podemos sentir desasosegados contando la verdad y tranquilos mintiendo. Por ejemplo, podemos parecer nerviosos engañando a nuestros padres con los resultados de un examen porque sabemos que la nota que hemos sacado está por debajo de nuestras posibilidades. Y, sin embargo, mentir con serenidad diciendo que no hemos quedado con un amigo que a ellos no les gusta porque creemos que no tienen derecho a meterse en nuestra vida. Por eso fracasa el polígrafo: la culpa y la vergüenza son sentimientos complejos que no siempre van asociados con los niveles de honestidad.

Por eso el engaño, a pesar de que cada vez conozcamos más sus síntomas y su correlato fisiológico, sigue siendo un fenómeno constante en las relaciones humanas. La psicóloga Pamela Meyer, una de las grandes expertas en este tema, llega a la conclusión de que mentimos en torno a cien veces al día. Incluso más. Por ejemplo, cuando comenzamos una nueva relación. Parece ser que cuando conocemos a alguien —el momento en el que cimentamos nuestra imagen ante otra persona— alcanzamos la prodigiosa velocidad de tres mentiras cada diez minutos.

Convivir con la mentira en nuestro día a día, lo cierto es que se nos da bastante bien. Nos conformamos con un nivel de sinceridad sostenible: la mayoría de las personas, en la mayoría de los momentos de nuestra vida, no mentimos en la mayoría de los asuntos importantes. Y con eso se puede cimentar la confianza social. Somos mentirosos y mentirosas, pero, en general, al mismo nivel que el resto.

¿HAS PENSADO EN LA HISTORIA DEL PRINCIPIO?

Si has sacado papel y boli —o le has preguntado a tu inteligencia artificial favorita—, habrás visto que hay cuatro desenlaces posibles. El que tiene mejor pinta para ambos se da cuando mantenéis la boca cerrada. De esa forma, tú y Antonio volvéis pronto a estar en la calle —esperemos que con la lección aprendida—. Pero aunque ese sea el mejor final para el equipo, no sabemos si se dará, ya que no depende solo de ti.

Este planteamiento está basado en el célebre «dilema del prisionero». Desde que el matemático Albert W. Tucker lo formuló por primera vez en los años cincuenta del siglo pasado, este problema de teoría de juegos ha sido utilizado en gran cantidad de ocasiones en publicaciones de ciencias sociales (economía, política, sociología, etcétera) y biológicas (etología, biología evolutiva, etcétera). Y también en entrevistas de trabajo. ¿Por qué es tan importante? Porque en nuestro día a día, en nuestras relaciones sociales, nos encontramos con muchos dilemas, algunos parecidos al del prisionero y donde la mentira es una de las opciones y el compañerismo y la lealtad otra de ellas. Por ejemplo: tengo dos entradas para un concierto de un artista que le encanta a mi jefe. ¿Lo invito a él o a mi compañera de mesa que es la mayor fan? Si invito a mi jefe, aumentan las posibilidades de pasar a un mejor turno; pero si mi compañera se entera de que he ido con el jefe y no con ella, puede enfadarse y no colaborar conmigo en el trabajo. Le puedo pedir al jefe que no lo cuente, pero en el fondo todo el mundo sabe que es un bocazas y que acabará subiendo una foto a Instagram para que toda la oficina sepa que ha estado allí. Otro ejemplo podría ser: he suspendido el examen y mis padres me han amenazado con no dejarme salir si no alcanzo el 5. Mi hermana gemela está en clase conmigo y sabe que he suspendido. ¿Digo en casa que he sacado un 4 y no salgo este fin de semana, o no cuento nada y me expongo a un castigo mayor *a posteriori* si mi hermana confiesa? Uno más: hay que terminar un informe para el viernes. Lo estáis redactando entre cuatro personas. En total hay que abordar 6 puntos. El coordinador pregunta: ¿quiénes se encargarán esta vez de hacer dos puntos en vez de uno? No te importa hacer dos, pero dudas sobre si tus compañeros te devolverán el favor en el futuro o se olvidarán rápidamente de tu generosa acción. Como ves, aunque siempre parece que hay una respuesta ganadora, dependemos de la coherencia de las otras personas. Si pienso que van a ser leales a nuestros acuerdos previos, yo también lo seré hacia ellos. Pero ¿y si me han mentido cuando dijeron que íbamos a trabajar en equipo?

EXTRA
EXTRA
UNA PREGUNTA PARA LOS AUTORES

Después de hablar de que somos mentirosos, ahora os toca a vosotros. ¿Podéis decirnos una mentira que os hayan contado o una que hayáis contado?

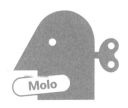

Molo

¿Solo una? La mentira mayor que me han dicho es la de «yo nunca miento». Y en algún momento esta gran mentira también ha pasado por mi boca. Supongo que habrá sido en momentos de falta de confianza, esos donde pones más el foco en mostrarte para fuera como crees que «deberías mostrarte», en vez de tal y como eres. Esos momentos donde solo quieres encajar. Afortunadamente con los años, y la terapia, he aprendido a no gustar, incluso a pillarle el gusto a disgustar. Y, aun así, te mentiría si te dijera que soy sincero en todo lo que cuento.

En mi vida personal he tenido mucha suerte, porque me he encontrado con gente de fiar. De la que miente «lo normal». En la vida profesional sí me he

Molo

encontrado con alguna que otra persona que ha utilizado la mentira —o las medias verdades, que para el caso es lo mismo— con fines egoístas. Ya sabes, el típico o la típica «trepa» que si es necesario suelta una mentira para conseguir sus objetivos, sin darle importancia al lío en el que pueden meter al afectado. En el momento duele y más aún cuando has entablado relación durante algunos años con la persona en cuestión. Pero si te pasa como a mí, que ese tipo de mentiras son una bandera roja; una vez pasado el mal trago, eliminas el contacto del móvil y dejas espacio para alguien que merezca la pena.

Luis

En mi caso, las mayores mentiras, las que más me han afectado, han sido las de personas emocionalmente cercanas. Cuando me estafan en el juego de la vida (en el ámbito laboral, por ejemplo), me enfado, pero en una medida leve, porque considero que esos embustes forman parte del juego. Pero en vínculos cercanos, el abuso de la falsedad me indigna mucho. Supongo que la razón es que, cuando era niño, un adulto muy cercano montó toda su vida como una impostura. Esa persona se convirtió en un menti-

Luis

roso patológico de una forma completamente innecesaria, abusando de una táctica de comunicación que se debe usar solo en momentos puntuales. Todo lo que decía era falso, incluso en cuestiones en las que no ganaba nada con mentir. Y eso embarró nuestra relación, me afectó mucho en mi infancia y juventud.

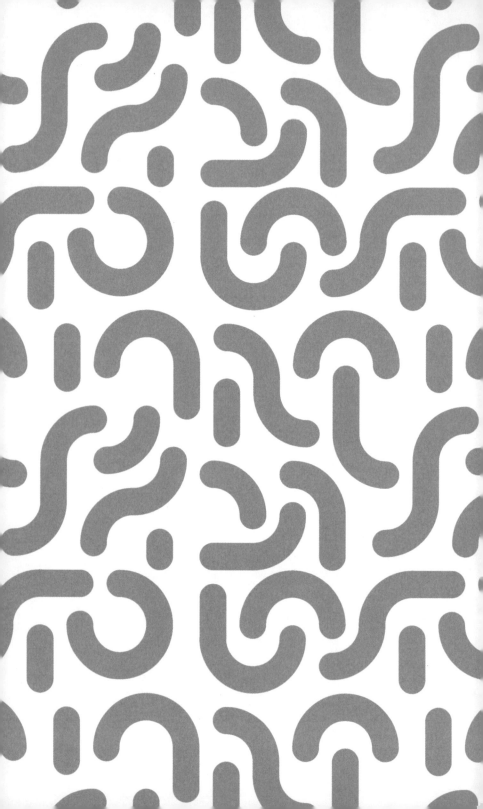

CAPÍTULO 4

Somos curiosos

L a siguiente escena —con algunas variaciones de guion— ha aparecido en unas cuantas películas. A ver si te viene a la cabeza alguna de ellas. Comienza con un grupo de niñas en una «fiesta de pijamas». Ven vídeos en la tele, comparten intimidades y duermen juntas en casa de una de ellas. En un momento dado, aprovechando que nadie las vigila, entran en el dormitorio principal. Hay un espejo grande en una de las paredes. Apagan las luces y encienden las velas de un viejo candelabro. A una de ellas ese juego no le parece una buena idea. Le entra miedo. Otra se muestra más valiente y empuja al resto hacia el «ritual» que consiste en situarse cerca del espejo y, en penumbra, moverse en círculo alrededor de la luz de las velas.

Cuando han dado ya algunas vueltas, comienzan a pronunciar un nombre en susurros: «Bloody Mary» («María la sangrienta»). Poco a poco va aumentando el volumen de la invocación. Al final, su llamada se convierte en un grito: «¡Bloody Mary!, ¡BLOODY MARY!, ¡¡¡BLOODY MARY!!!». El terror las invade, porque saben que si tienen éxito, cuando pronuncien ese nombre trece veces, en el espejo aparecerá algo siniestro: un rostro ensangrentado que les hará «disfrutar» de una experiencia sobrecogedora...

Este ritual está muy extendido, sobre todo en el mundo anglosajón. La historia que hay detrás tiene orígenes difusos. La teoría más extendida sugiere que se basa en una polémica figura histórica: la de María I de Inglaterra, también conocida como «Bloody Mary». Su reinado duró apenas cinco años, tiempo suficiente para sembrar las calles de terror. Fue conocida por perseguir y ejecutar a una gran

cantidad de protestantes de las formas más viles que puedas imaginar. Se ganó a pulso su apodo: «María la sangrienta».

No ahondaremos mucho más en la parte histórica, pero sí en la psicológica. ¿Qué ha llevado a miles de adolescentes, durante tanto tiempo, a practicar este juego? Creemos que el culpable es uno de los fenómenos más característicos del ser humano (y del que, paradójicamente o curiosamente—, se habla poco): la curiosidad. ¿Hablamos de ello?

El folclorista Alan Dundes, que ha publicado investigaciones sobre este ritual tan «peliculero», piensa que es un ejemplo claro del atractivo de lo oculto. No es casualidad, según Dundes, que el juego de «Bloody Mary» se practique sobre todo entre «personitas» de nueve a doce años de edad. Esa es la época vital que muchos psicólogos denominan «edad de Robinson»: un periodo de la vida en que empieza a nacernos la curiosidad por internarnos a solas en ámbitos desconocidos. Es en esa etapa cuando muchas personas empezamos a sentir la llamada del misterio. Ya sabes, a preguntarte por los vampiros, los fantasmas, los extraterrestres del primer capítulo, qué hay después de la vida o qué harán los mayores cuando no los vemos.

A partir de esos primeros acercamientos a lo que se sale de lo habitual, algunos individuos desarrollan la curiosidad como rasgo de carácter. Los exploradores se guían por esa motivación. Nuestras características más llamativas (sí, los autores de este libro somos de ese tipo de personas) tienen que ver con nuestra tendencia a fisgonear la vida. ¿Qué otros rasgos presentan las personas exploradoras? Pues, entre otros, la tendencia a aceptar retos intelectuales, flexibilidad mental, apertura al cambio psíquico, necesidad de novedades, capacidad de contemplar los problemas desde múltiples perspectivas, confianza en la intuición, facilidad para generar múltiples ideas y soluciones creativas...

Si sientes que estas características van contigo, probablemente no necesites poner una etiqueta inmediata a lo que ves y tolerarás mejor la ambigüedad. Te encontrarás bien en ambientes poco estructurados y no cerrarás rápidamente las conversaciones con un: «Esto es así porque lo digo yo». Una frase que puede definirnos es que «somos gente que mantiene los problemas abiertos durante más tiempo». No nos conformamos con la primera solución correcta y buscamos alguna explicación más. En lugar de usar el pensamiento dicotómico («blanco o negro»), nos gusta jugar a romper patrones y resolver paradojas. En esas ambigüedades es donde reside el enigma. Como intuía Sigmund Freud en su ensayo *Lo siniestro*, nos atraen los misterios que están a medio camino entre variables que se suponen incompatibles. Lo vivo y lo muerto (zombis, vampiros...), la verdad y la mentira (leyendas urbanas, descubrimientos que no concuerdan con las teorías científicas...), lo que está pero no está (sociedades secretas, ovnis...) son las paradojas que estimulan nuestra curiosidad.

Además nos gusta modificar nuestro entorno: no aceptamos las cosas como vienen dadas, actuamos para mejorar o innovar. No nos conformamos con explorar lo oculto, queremos usar los misterios resueltos con una finalidad pragmática, para cambiar el mundo. Leonardo da Vinci, una de esas personalidades destripadoras de enigmas que contribuyó luego a diseñar el mundo moderno, escribía en una de sus notas: «Vagué buscando respuestas a cosas que no comprendo. ¿Cómo hay conchas en la cima de las montañas, junto con huellas de coral? ¿Cómo el trueno dura más tiempo que aquello que lo causa y cómo en el instante de su creación el relámpago se vuelve visible al ojo mientras que el trueno necesita tiempo para viajar? ¿Cómo se forman diversos círculos de agua alrededor del punto donde ha golpeado una piedra, y cómo el pájaro se sostiene en el aire?». Durante una época de su vida, la fascinación por estos enigmas activó su imaginación. Y muchas de sus fascinantes creaciones posteriores (juguetes mecánicos, puentes, tanques, un artefacto similar al helicóptero, una prensa para aceitunas, paracaídas, máquinas de volar, cámaras oscuras, un reloj planetario, un submarino, una caja de cambios de tres marchas, un telar automático, una bicicleta, escaleras extensibles para los bomberos, la llave inglesa, el gato hidráulico, instrumentos musicales...) surgen a partir de su fascinación por el misterio. El gusto por lo enigmático no es, simplemente, un divertimento: también funciona como una forma de activar la mente.

LOS SIETE PRINCIPIOS

DE LEONARDO DA VINCI

Leonardo da Vinci, un hombre extremadamente curioso, se regía por estos siete principios:

- Curiosidad. ¡Cómo no! Era un hombre que sentía interés por todo. Por lo útil y lo en apariencia inútil. Primaba en él el deseo de conocer más allá de lo ya conocido. ¡Quería saber más!
- Demostración. No le valía con elaborar hipótesis. Necesitaba ponerlas en práctica. Ver si realmente funcionaban. El error, en caso de que la hipótesis se viniera abajo, era parte del aprendizaje.
- Sensación. Usaba los cinco sentidos. Veía con atención plena aquello que le generaba curiosidad. *Mindfulness* en el siglo xv.
- Impureza. Le atraía lo ambiguo, lo difuso. Trataba de entender aquello que no estaba claro y abrazaba los matices frente al pensamiento dicotómico.
- Arte *versus* ciencia. ¿Por qué había que separar lo uno de lo otro? Para Leonardo el arte y la ciencia maridaban a la perfección (tal y como lo hacían en su mesa una buena comida y un buen vino, ya que también disfrutaba del arte culinario y vinícola).

– Bienestar físico. Si viviera en este siglo, te lo encontrarías en el gimnasio. Cuidaba su cuerpo para mantener su energía, su creatividad y su incansable productividad.

– Conexión. Todo está conectado, todo está vinculado. A Leonardo le encantaría ese proverbio chino que dice que «el aleteo de las alas de una mariposa se puede sentir al otro lado del mundo».

¿Te suenan bien los principios de nuestro amigo Leo? El hombre renacentista por antonomasia quiso transformarlo todo. No se conformaba. El científico británico Philip Ball, en su libro *Curiosidad... ¿Por qué todo nos interesa?*, propone que esa propensión a cambiar lo que nos rodea es el principal motor de los avances de la humanidad. Los logros de personajes como Da Vinci o Francis Bacon, antecesores de la ciencia moderna, nacen a partir de la necesidad de desentrañar lo desconocido. Ball cuenta, por ejemplo, que en el Renacimiento, en los albores de la razón moderna, existía el oficio de «secretistas»: personas dedicadas a buscar fenómenos ocultos. Giambattista della Porta, uno de ellos, llegó a fundar una «Accademia dei Secreti» para formar a aquellos que querían curiosear en los arcanos (los misterios o las cosas ocultas) de la naturaleza. Ese es el espíritu que animó después a los primeros científicos: la pasión por lo misterioso, por encontrar paz frente al desasosiego interior que los empujaba a explorar la esencia de lo desconocido.

Ese impulso llega hasta este siglo xxi de inteligencia artificial y redes sociales, de geopolítica compleja y de videojuegos. En otoño de 2012 el diseñador de videojuegos Peter Molyneux lanzó «Curiosity – What's Inside the Cube?», una especie de rompecabezas masivo multijugador que consistía en ir quitando capas de un inmenso e inquietante cubo que flotaba en una habitación vacía. Cuando se descargaba el juego, aparecía un texto que decía así: «¿Eres curioso?». Con eso bastaba. Solo el usuario ansioso de saber seguía adelante, porque el único incentivo para excavar los billones de cuadrados pixelados era indagar qué había en el centro de la construcción. Las personas no curiosas seguro que tenían otras cosas mejores que hacer.

Lo cierto es que meses después el juego tenía millones de usuarios que iban excavando capas, cada una de las cuales ofrecía pistas misteriosas sobre lo que había en el centro de la construcción. Los diseñadores, además, dejaban caer en las entrevistas frases que aumentaban la incertidumbre («Lo que estás haciendo mientras juegas es mucho más de lo que crees estar haciendo...»). Finalmente, en mayo de 2013 se anunció que uno de los jugadores había llegado al final, había visto por primera vez el interior del cubo. Aunque el «Secreto final» decepcionó probablemente a muchas personas —casi tanto como el último episodio de la serie *Perdidos*—, las cifras de este «experimento social» (así lo denominó su autor) demostraron que la curiosidad sigue siendo uno de los grandes motores del ser humano.

Otro libro de los últimos años sobre este tema (*Why?: What Makes Us Curious*) escrito por el astrofísico Mario Livio, intenta estudiar esa obsesión tan humana acerca del

«¿por qué?». El autor divide la curiosidad en dos tipos. Uno sería la «Curiosidad perceptiva», que es el desasosiego que sentimos cuando vemos algo que nos sorprende y nos descoloca, una especie de pinchazo que necesitamos saciar lo antes posible. Es el ¡Wow! que experimentamos ante algo que nos asombra. La otra sería la «Curiosidad epistemológica», que no es tan puntual, sino más bien un amor general por el conocimiento y una continua necesidad de aprender cosas nuevas. Para Livio, las dos curiosidades son importantes en alguna etapa de nuestra vida: la primera es más abundante en la juventud; la segunda, en la madurez.

Otra de las características de la curiosidad es que activa en el cerebro el «Modo aprendizaje»: una vez que estamos en ese estado retenemos mejor cualquier clase de información asociada con el tema que nos fascina. Aprendemos lo que nos intriga, lo que nos resulta misterioso; e ignoramos lo que no nos llama la atención. Por eso cuando tenías diez años eras capaz de aprender cientos de nombres de distintos pokémon —si es que eres *millennial* o generación Z—, las plantillas de futbolistas de todos los equipos de primera división o los personajes de tus dibujos animados favoritos. Nos quedábamos con lo que nos llamaba la atención y éramos incapaces de retener más de tres nombres de aquellos temas que no nos despertaban ninguna inquietud. *Spoiler*: sigue ocurriendo lo mismo. Así que a lo mejor ahora entiendes mejor a tus sobrinos, hijos o a la vecina de siete años que te pregunta en el ascensor por esas cosas que para ella son realmente interesantes y que para ti, con su edad, aunque no lo creas, también lo eran. Fuimos preguntones y lo seguimos siendo. Solo cambian las temáticas.

¿QUÉ DESPIERTA

LA CURIOSIDAD EN NIÑOS Y NIÑAS?

Entre los estudios más recientes sobre el tema, está el de Maya Götz, doctora en Filosofía, que en 2020 realizó una encuesta entre la población infantil de su país, Alemania.

Naturaleza (91 %), redes sociales y otros medios de información (80 %) y medio ambiente (78 %) fueron los temas más destacados. Así que ahora entenderás por qué tu sobrina no te hace caso cuando le hablas de política. ¿Te animas a probar con uno de los temas que realmente les despierta curiosidad?

La necesidad de saber más, de indagar, de observar, no le ha venido nada mal a nuestra especie. De hecho, ha resultado ser muy adaptativa en otras épocas. Impulsados por ella hemos explorado, por ejemplo, lugares remotos que luego, cuando han cambiado las condiciones ambientales, han sido ideales para nuestra supervivencia. Muchos antropólogos, de hecho, sostienen la teoría de que el triunfo del *Homo sapiens* tiene que ver con el desarrollo de los lóbulos frontales, en los que reside en gran medida este interés por lo desconocido.

No es de extrañar, por eso, que la curiosidad bien canalizada, además de ayudarnos a avanzar como especie, nos ayude también a mejorar en nuestro día a día e incluso a relacionarnos mejor con la persona que tenemos al lado. La podemos ver como un elemento que nos va a ayudar en nuestra comunicación. Así lo demostró Frank Fincham, profesor de psicología de la Universidad de Buffalo, en un estudio que vamos a contarte de forma resumida. Comenzó dando un test a los participantes. Este medía la tendencia de los individuos a la búsqueda activa de experiencias nuevas, algo muy típico de las personas curiosas. Correlacionó los datos extraídos con los de otras pruebas. ¿Qué encontró? Pues que el grado de curiosidad influye en nuestra capacidad para conseguir entablar relaciones más cercanas e incluso íntimas. Los sujetos con mayor puntuación en el test de curiosidad también usaban de manera habitual «técnicas de enfoque» —llevaban la conversación hacia temas estimulantes, interesantes, de esos que despiertan curiosidad— y además llenaban sus charlas de cuestionamiento —no se limitaban a asentir y a mantener una charla de ascensor, sino que dejaban espacio para plantear otras opciones y opiniones—. Son aquellas personas con las que te apetece seguir hablando si quieres profundizar e ir más allá.

¿Qué más potenciales tienen quienes se dejan guiar por la curiosidad? El psicólogo Abraham Maslow se definía a sí mismo como alguien guiado por esa variable: «Yo soy una persona a quien le gusta abrir brecha y luego marcharme. Me aburro. Me gusta descubrir, no verificar. Para mí lo más emocionante es el descubrimiento». Como terapeuta aducía que este impulso hacia la exploración mueve a las personas a desarrollarse personalmente. Explorar el entorno para saber cómo es el mundo y cómo funciona nos lleva a apasionarnos por aprender y descubrir, a ser flexibles y abiertos al cambio y no tener miedo a lo desconocido. Cuando nos guiamos por este impulso, mostramos una gran necesidad de variedad y estimulación intelectual: nos aburrimos con facilidad y por eso evitamos la monotonía y las tareas rutinarias. Buscando diversidad nos hacemos más flexibles, más abiertos de mente: conseguimos escuchar sin prejuicios puntos de vista diferentes y disfrutamos con la diversidad.

Este psicólogo estudió también la correlación entre curiosidad y creatividad. Esta última nos hace más sensibles a los desafíos mentales y nos empuja a enfocar los problemas de manera más abierta, contemplando las situaciones con múltiples perspectivas. Cuando nos inunda la capacidad de asombro, aumentamos nuestra capacidad de ver patrones ocultos y se establecen nuevas conexiones entre elementos aparentemente desconectados. Se trata del tipo de curiosidad que llevó a Leonardo da Vinci a observar las similitudes entre las corrientes de agua, la refracción de la luz, los vaivenes del viento y el vuelo de los pájaros. O la capacidad de «conectar puntos» de la que habló Steve Jobs en su famoso discurso en la Universidad de Stanford, cuando nos relata la influencia decisiva de un curso de tipografía que eligió «por gusto» en la variedad y calidad de la edición de los ordenadores que luego fabricó su empresa.

Como todo fenómeno humano, la curiosidad tiene también sus inconvenientes. Requiere, por ejemplo, cierto nivel de conocimiento para no caer en el interés por las tonterías. Muchas personas, por ejemplo, acaban en manos de la pseudociencia o la conspiranoia por simple curiosidad.

Conviene recordar aquí aquello de que «hay que mantener la mente abierta, pero no tanto como para que se escape el espíritu crítico».

Otro de los riesgos de esta propensión al «pensamiento difuso» es la improductividad. La inquietud intelectual nos puede llevar a la ineficacia cuando no se combina con motivación de logro (voluntad de cerrar proyectos con éxito). El afán por buscar novedades y la aversión a la rutina puede desembocar en la propensión a abrir muchos proyectos y dejar las cosas sin terminar. Para ser verdaderamente creativas, las personas curiosas han de conjugar el deseo de innovar con la persistencia.

El otro riesgo de la «llamada del misterio» es que nos lleva, a menudo, a meternos en líos. La apertura a la experiencia supone habitualmente cuestionar la autoridad y el *statu quo*, romper las reglas. Los fisgones son «independientes de campo»: tienden a formar sus propias opiniones abstrayéndose del contexto espacial, temporal y social. Y además lo hacen de una forma apasionada y visionaria, con un alto grado de compromiso. Es fácil que acaben siendo poco prudentes y asuman riesgos, algo que sabe cualquier historiador de la ciencia. La enorme cantidad de científicos de aquellos primeros tiempos (Miguel Servet, Giordano Bruno, Galileo Galilei...) que han sufrido por traspasar los límites impuestos por las autoridades de su tiempo nos recuerda ese riesgo.

La historia de Henry Winstanley es emblemática en este sentido. Este ingeniero inglés del siglo XVII pasó a la historia por ser el constructor del primer faro de madera permanente en la isla de Eddystone, frente a la costa de Cornualles.

Winstanley era una persona curiosa y estaba decidido a probar la estabilidad de su faro durante una tormenta. En el invierno de 1703, durante un huracán feroz, decidió quedarse en el faro para observar el comportamiento de la estructura. La violencia de la tormenta fue demasiado intensa y Winstanley y otros cuatro hombres que estaban con él perdieron la vida al derrumbarse el faro. Su curiosidad y su deseo de comprender los desafíos de la naturaleza resultaron trágicos en este caso.

Y no es solo la historia de la ciencia: en la vida cotidiana hay múltiples advertencias sobre el peligro de querer saberlo todo. La frase «la curiosidad mató al gato» (paradójicamente, una derivación de «care kills a cat», una frase hecha que denunciaba que el exceso de cautela es perjudicial para la salud) se usa para advertir a aquellos que quieren meter la nariz en secretos peligrosos. De hecho, existe una vieja narrativa —repetida una y otra vez en tiempos remotos en cuentos y leyendas, ahora en mangas y series de televisión— que moraliza contra los riesgos del fisgoneo: el mito del conocimiento prohibido. La idea de que existen datos a los que no deberían acceder todas las personas porque resultan demasiado peligrosos subyace a muchas de las historias que se cuentan en nuestra cultura. Roger Shattuck, que fue profesor de la Universidad de Boston, dedicó un libro al tema (*Conocimiento prohibido: de Prometeo a la pornografía*) en el que analiza muchos bulos e historias populares que sostienen la idea de que existen sabidurías a las que no deberíamos acceder por el potencial destructor que suponen. Desde la manzana que comió Eva en el paraíso terrenal hasta las modernas historias sobre libros malditos. La moraleja es, siempre, una advertencia contra la excesiva curiosidad, un cartel que dice «cuidado con preguntarse más de lo debido».

Aquí tienes a Curiosity, el robot que se pasea por los desiertos marcianos. Un ejemplo de hasta dónde nos ha llevado la curiosidad humana y la motivación de exploración, de saber más. Normal que lo hayamos bautizado con ese nombre.

No hace falta irse a Marte para fisgar en lo desconocido. Aún hay mucho por curiosear aquí abajo. No sabemos, por ejemplo, descifrar el contenido manuscrito de Voynich, un libro del siglo xv escrito en un idioma indescifrable e ilustrado con dibujos tan inquietantes como el de unas mujeres desnudas que se bañan en un líquido rodeadas de tubos. No hemos conseguido aún explicar completamente el efecto Mpemba (en determinadas condiciones, el agua caliente se congela antes que el agua fría). Ignoramos las bases fisiológicas de problemas de salud mental como la esquizofrenia, que a lo mejor ni siquiera existe como enfermedad concreta. Desconocemos por qué los seres humanos tienen más propensión al cáncer que otros animales más grandes que tienen más células (es lo que se conoce como «paradoja de Peto»). Tampoco tenemos muy claro cómo se forman los sueños, aunque a veces en ellos encontramos la solución a algunos enigmas.

Además de estos misterios concretos, siguen existiendo los grandes enigmas globales. Desde el origen de la vida, hasta la posibilidad de encontrar seres inteligentes fuera de nuestro planeta, pasando por las bases biológicas de la conciencia o preguntas más metafísicas («¿De qué está hecha la realidad?»), hay miles de grandes cuestiones que todavía inquietan a nuestra mente.

Y, además, están las curiosidades acerca del futuro: la tasa de cambio de nuestro mundo es cada vez más acelerada. La complejidad de las relaciones y los negocios en un mundo cada día más globalizado, los nuevos desarrollos tecnológicos (¿qué nos depara la enorme evolución de la inteligencia artificial?), la perpetua conexión que nos trae internet, los cambios geopolíticos, los sorprendentes e imprevisibles avances científicos (hay áreas muy prometedoras que parecen haberse detenido, otras insospechadas han experimentado revoluciones), la obsolescencia de los conocimientos, los cambios sociales y demográficos y las demás fuerzas que actúan en nuestro entorno multiplican la incertidumbre en la que vivimos.

Nuestra mente, tu mente, va a seguir siendo curiosa en mayor o menor medida. Te pedirá nuevos estímulos, nuevos retos. Cuando los afrontes, estos te ayudarán a buscar respuestas nuevas, pero también aparecerán nuevas preguntas. Y así seguiremos. Porque somos curiosos, porque hoy en día esta cualidad sigue siendo importante como factor adaptativo. Internet solo nos proporciona datos, no nos ayuda a encontrar los porqués de los que hablaba Mario Livio.

Y necesitamos esos porqués para aprender a vivir con lo desconocido, la paradoja y la incertidumbre, anticipándonos a los cambios y tomándolos como oportunidad para crecer e innovar tanto a nivel individual como colectivo.

¿Por qué si somos curiosos, a veces no queremos curiosear? ¿Por qué a veces preferimos quedarnos en nuestra zona conocida y no preguntarnos nada más?

Luis

En mi caso, la mayoría de las veces que me limito al «más de lo mismo», es debido a una razón que me avergüenza confesar. Es, precisamente, la vergüenza. Siempre he estado rodeado de personas más intelectuales que yo y mi curiosidad por ciertos temas sé que les decepcionaría. Por eso, en muchos momentos, he renunciado a curiosear en ciertos ámbitos que no entran dentro del postureo intelectual. Por ejemplo, siempre he tenido mucha curiosidad por el mundo del misterio, y en ciertas épocas de mi vida me he prohibido a mí mismo seguir leyendo o viendo documentales sobre esas cuestiones porque «no era serio». Creo que es una cuestión de autoimagen: limito mi curiosidad por ciertos mundos porque no

Luis

parecen corresponderse con el tipo de persona que quiero aparentar ser.

Por suerte, con la edad me he hecho más libre de las expectativas de los demás. Cada vez me importa menos lo que aparento ser. Y eso me está permitiendo salir de esa zona conocida en la que represento un papel y dejarme llevar por mi curiosidad cuando algo me llama la atención, aun siendo consciente de que a los demás le pueden parecer tonterías.

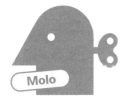

Molo

Te comparto mi caso. No creo que sea nada especial, porque me considero bastante del montón. De la gente que a veces se mueve y se lanza a probar cosas nuevas, y otras se queda en casa mirando por la ventana. Convivo con la impulsividad —a veces me paso de impulsivo— y la racionalidad —a veces me paso de «pesado»—. Tengo un poco de las dos (como casi todo el mundo, ¿no?). Impulsividad, porque cuando siento que hay una opción, un camino, un lugar al que el cuerpo me pide ir... es muy probable que me lance a explorarlo sin darle muchas vueltas al coco. Sin pensar en lo que puede salir mal. *Spoiler*: en muchas ocasiones meto la pata. Otras veces, muchas veces, el córtex prefrontal —afortunadamente— gana la batalla. El único pero, es que cuando lo hace suele trabajar demasiado. Lo tengo explotado. Y cuando hay exceso de «darle vueltas al coco», me paralizo. Cuando racionalizo en exceso, buscando que la decisión que tome sea «la decisión totalmente acertada», me quedo ahí demasiado tiempo. Me tomo unas vacaciones en Villa Rumiación. Y es que, pese a ser un orgulloso miembro del club de las personas imperfectas, esas que tratan de hacer lo mejor que pueden con lo que saben y sienten, a veces me creo que soy del club de quienes pueden hacer las cosas con perfección absoluta, las que tienen métodos infalibles y cuyo camino y forma de ver la vida «es la buena». Afortunadamente salgo rápido, porque allí me aburro bastante. Respondiendo a tu pregunta —que me voy por las ramas—, cuando racionalizo en exceso y busco la perfección, me acabo quedando en mi zona conocida. No salgo. Cuando me lanzo sin pensar mucho, a veces sale bien y a veces sale mal. La solución: racionalizar lo que se pueda y hacer las cosas aun con miedo a fallar. Nuestra máquina de pensar tiene que ser útil y trabajar para darnos las mejores opciones, pero si no las probamos, si nos limitamos a darle más y más vueltas a las soluciones que nos da, nunca sabremos si alguna será la correcta. Vivir, conlleva fallar. Trata de hacerlo lo mejor que puedas, pero no te metas más presión. No tienes que

Molo

ganar el partido, pero si no lo juegas no podrás ganarlo. Y si no te presentas al campo, te lo darán por perdido. Eres un ser humano del siglo xxi. Así que eres imperfecto. Vas/vamos a meter la pata muchas veces. ¡Vivamos! Con cabeza... pero vivamos.

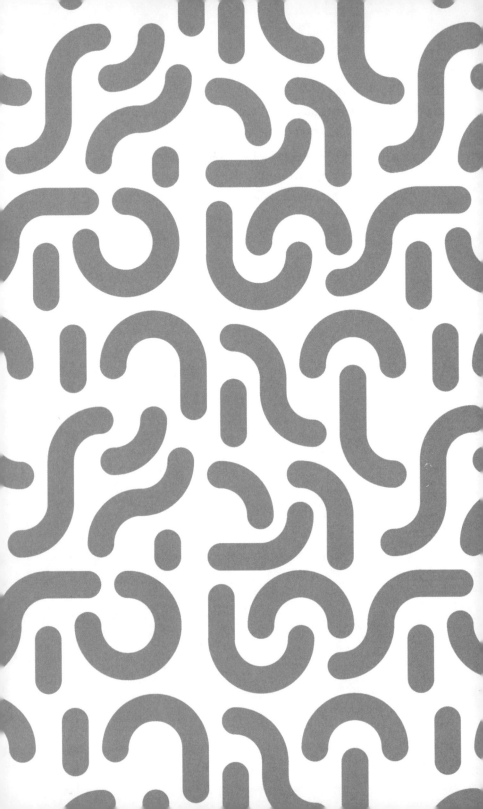

CAPÍTULO 5

Somos complejos

ace tres décadas una historia real, increíble, difícil de entender, llevó a nuestros vecinos franceses a desconfiar por unos días de hasta sus familiares más cercanos. Uno de esos sucesos que rompen cualquier esquema que tengamos sobre la lógica de nuestra especie, zarandeó los cimientos de la tierra que dos siglos antes ya había filosofado sobre la esencia y las diferentes caras de los hombres, en ensayos firmados por Rousseau, Voltaire y Diderot. ¿Y si no fuéramos tan simples como para encajar en una única definición? ¿Y si nadie, ni siquiera nosotros mismos, pudiera llegar a conocernos completamente?

El hecho del que te hablamos tuvo como protagonista a Jean-Claude Romand. El doctor Romand. Un hombre que, antes de «saltar a la fama», vivía de forma acomodada con su mujer y sus hijos en una localidad francesa cercana al país de los banqueros, los relojeros y las fábricas de chocolate: Suiza. Ante los ojos de los demás, su vida era casi perfecta. Dejaba a los niños en el colegio por la mañana, les daba un beso y se iba a trabajar. Al volver, en la cena, contaba a su familia las anécdotas de su prestigioso empleo como médico en la Organización Mundial de la Salud. Su mejor amigo era otro médico. Ambos se licenciaron en la misma facultad y quedaban casi todos los fines de semana. Hablaban de todo. De lo duro y estresante que resultaba su profesión, de la familia, la economía, la política francesa y mundial..., y mientras compartían un buen vino y algunas risas.

El 9 de enero de 1993, Romand asesinó con un rodillo de cocina a su mujer. A la mañana siguiente mató a sus hijos disparándoles con una pistola. Después se acercó a comer a casa de sus padres. También los asesinó. Al volver a casa, ingirió una gran dosis de barbitúricos y prendió fuego a su hogar.

La investigación de los crímenes reveló hasta qué punto una cotidianidad, un día a día en apariencia dichoso, puede esconder un lado oculto y tremendamente complejo. Romand no había cursado la carrera de medicina, a pesar de que sus amigos médicos decían (y así lo creían) haber compartido aulas con el falso doctor. Y nunca trabajó. Conseguía dinero para su alto nivel de vida estafando a sus «seres queridos», incluida una amante. A algunos los engatusaba para que le dejaran sus ahorros con la promesa de invertirlos y obtener grandes beneficios en bancos de Suiza, donde se suponía que desarrollaba su labor profesional. A otros les vendía supuestos medicamentos innovadores contra el cáncer que padecían. ¿Por qué asesinó a su familia? Porque sus zonas oscuras estaban a punto de salir a la luz. Empezaban a dudar de él. Tanto su amante (a la que también intentó matar) como la familia de su mujer estaban a punto de desvelar lo que Romand escondía. Como nos recordaba Emmanuel Carrere en *El adversario*,[1] la intrigante novela que escribió sobre este tema, pocos casos nos desvelan de forma tan dramática que somos seres complejos, que escondemos varias personas dentro de nosotros.

---

1. https://www.anagrama-ed.es/libro/ebooks/el-adversario/9788433933386/EB_118

TRES FORMAS DE VER

AL COMPLEJO SER HUMANO

«El hombre es bueno por naturaleza y la sociedad es la que lo corrompe». Rousseau.
«El hombre es un lobo para el hombre». Thomas Hobbes.
«Considerado de forma total, el hombre es mucho menos bueno de lo que él mismo se imagina o quisiera ser. Todo el mundo arrastra una sombra y, mientras menos integrada esté a su vida consciente, tanto más oscura y densa resulta ser». Carl Jung.

Ángel Sanz Briz, un diplomático español que trabajó en Hungría en los años cuarenta, es otro ejemplo, al igual que Romand, de funcionario gris que ocultaba un trasfondo más complejo. Con treinta años ingresó en la carrera diplomática y en 1942 fue nombrado secretario de la embajada española en Budapest, Hungría. Por entonces, el país estaba bajo el dominio de la Alemania nazi. Briz había sido designado por el régimen franquista, un bando nada mal visto por el Führer. Ejerció las labores que le habían encomendado de forma rutinaria, sin aparentes complicaciones, y se convirtió en un administrativo más, de esos que despachaban papeles e informes y terminaban a su hora. Para cualquier observador externo, era un diplomático corriente y gris.

Pero Sanz Briz tenía una cualidad oculta que lo hacía diferente: su extraordinaria empatía. Se percató de lo que ocurría a su alrededor: la persecución y exterminio sistemático que sufrían los judíos a manos de los nazis y sus colaboradores. Horrorizado ante el holocausto y determinado a ayudar, se embarcó en una arriesgada misión de rescate, arriesgando su vida para evitar que muchos judíos fueran deportados a los campos de concentración. Se calcula que su intervención salvó a más de cinco mil personas. El día a día de Briz fue, bajo los ojos de sus superiores, siempre discreto, corriente. Pero nada más lejos de la realidad. Aprovechó una ley que permitía a los judíos sefardíes pedir la nacionalidad española y utilizando falsificaciones, sobornos y estrategias políticas, incluyó a un número desproporcionado de personas en esta excepción legislativa. También alquiló pisos a los que calificó como anexos a la embajada española —mandó fijar letreros indicando que eran parte de la representación diplomática y que gozaban de extraterritorialidad—, que se convirtieron en refugio de los perseguidos. Todo ello, obviamente, sin contar con el consentimiento de sus superiores.

Para los observadores externos, la personalidad de este diplomático no tenía fisuras. Era un hombre recto, reservado y discreto. Y eso precisamente fue lo que hizo que nadie sospechara que existía, en su interior, un tipo tremendamente valiente y bueno: si hubiera sido descubierto, las consecuencias habrían sido terribles para él.

Somos mucho más de lo que mostramos a los demás. Tanto para bien como para mal. Los psicólogos Joseph Luft y Harry Ingham expusieron una teoría que se suele conocer con el nombre de «Ventana de Johari» (un acrónimo creado con las letras iniciales de sus nombres). En ella clasifican la información sobre una persona en cuatro clases, utilizando dos parámetros: lo que sabemos de nosotros mismos y lo que saben los demás. Usando esas variables, los subtipos resultantes serían los siguientes:

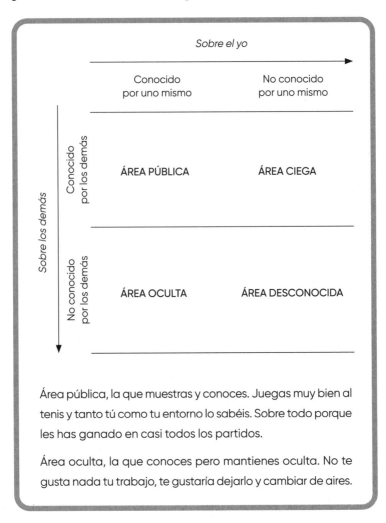

Área pública, la que muestras y conoces. Juegas muy bien al tenis y tanto tú como tu entorno lo sabéis. Sobre todo porque les has ganado en casi todos los partidos.

Área oculta, la que conoces pero mantienes oculta. No te gusta nada tu trabajo, te gustaría dejarlo y cambiar de aires.

Pero tu jefa y tu compañero de mesa en la oficina no lo saben (ni lo sabrán hasta el día que presentes tu carta de renuncia).

Área ciega, la que muestras pero desconoces. Todos ven que tienes un don especial para escuchar y por eso recurren a ti. Tú lo ignoras y piensas que «todo el mundo» debe de hacerlo de la misma manera, que no es nada especial.

Área desconocida, la que ni tu entorno ni tú conocéis. El próximo best seller podría llevar tu firma. Tienes una habilidad extraordinaria para contar historias, pero nunca te has puesto a ello. Nunca has escrito un relato corto y además permaneces callado en la mayoría de las reuniones sociales. Esa habilidad está escondida, latente, esperando su oportunidad.

En general, estas áreas mantienen un equilibrio. ¿Cuánto ocupa cada una en tu caso? Probablemente varíe según tus momentos vitales. Pero sí sería interesante que pensaras si, en esta época de tu vida, alguna de estas facetas ha invadido más espacio del que debería. Los experimentos de estos dos autores muestran que las personas diferimos en el «tamaño» de estos yoes y que cualquier desequilibrio produce consecuencias negativas. Por ejemplo, quienes tienen un área pública muy grande (información conocida por ellos y por los demás) padecen las desventajas de la excesiva transparencia —son lo que ves, no hay margen para la sorpresa y no suelen resultar interesantes—. Un área ciega demasiado amplia dificulta nuestros procesos de cambio por falta de autoconocimiento —no sabemos con qué herramientas y virtudes contamos—. Un Yo Oculto voluminoso lleva al «síndrome del espía»: la persona vive en una continua doble vida. Por último, un área desconocida de gran tamaño acarrea el peligro de dejar fuera de nuestra vista y de la de los demás partes de nosotros mismos que en cualquier momento pueden surgir de forma abrupta (y te hará exclamar eso de ¿pero yo soy así?).

Y ahora es cuando alguien estará pensando: ¿Y si no hubiera áreas reservadas? ¿Qué pasaría si conectáramos continuamente con todos nuestros pensamientos y sentimientos, y les diéramos espacio? ¿Y si fuéramos conscientes de «todo lo que somos» en todo momento? Una de las cuestiones que más se trabaja en psicoterapia es justo esa aceptación de nuestra complejidad: tenemos varias caras y varias áreas. Y el acceso a cada una de ellas siempre se hace con cuidado, porque abrir muchas ventanas cerradas deja pasar demasiada luz y choca con cómo nos veíamos antes (en penumbra). Por ejemplo, en las cuestiones que podrían generar culpabilidad, los seres humanos solemos elegir falsear nuestro autoconcepto (mantenerlo con poca luz) para salir indemnes y no caer en una espiral de remordimientos. Es lo que solemos hacer con el pasado, con lo que ya no podemos cambiar. Nos resulta menos doloroso autoengañarnos para poder creer que no fuimos responsables de lo que ocurrió. Parte de nuestra área desconocida (según la terminología de Luft e Ingham) se compone de recuerdos falseados en los que nos eximimos de la culpa para no sentir vergüenza.

En otros momentos queremos mirar y sacar nuestro lado oculto (con discreción). La sociedad ha desarrollado formas de experimentar las facetas que componen nuestra área oculta, aquello que sabemos de nosotros mismos pero no queremos exponer públicamente. Uno de los canales para sacar a la luz sentimientos tabú que solemos negar en la vida diaria es la cultura: la literatura, el cine, la música... La necesidad de sacar del armario nuestras pasiones ocultas explica la multitud de obras que hablan desde el odio iracundo contra los poderosos —una aversión, que si compartes, nunca le contarás al dueño de la empresa para la que trabajas—, del atractivo de lo prohibido o lo que «no debería gustarnos» —como le pasa a quienes sienten atracción por la pareja de un amigo o amiga—, o del deseo de un escarmiento a quien no cumple las normas —sí, eso que te gustaría que les pasara a esos vecinos ruidosos que no hacen caso a las normas de la comunidad—. Basta con buscar en una plataforma de vídeo bajo demanda, para encontrar varias series o películas que cuentan a la perfección nuestras pasiones ocultas, necesidades de justicia y expresiones salvajes de los impulsos que frenamos. Como nos recordaba Ernesto Sábato: «El proceso cultural es un proceso de domesticación que no puede llevarse a cabo sin rebeldía por parte de la naturaleza animal, ansiosa de libertad». Sería un suicidio fomentar la continua expresión de pasiones viscerales, pero también resultaría perjudicial para los miembros de una cultura ser siempre autocontrolados. El autodominio es adaptativo para la sociedad, pero su exceso acabaría siendo negativo para el individuo.

EL ÁREA OCULTA DE DOS DE LOS ACTORES

MÁS FAMOSOS DEL SIGLO XX

Marlon Brando, el actor al que los hombres jóvenes heterosexuales de los años cincuenta —un buen porcentaje de ellos homófobos— querían parecerse, sentía atracción por chicas y por chicos. Era bisexual. En unos tiempos donde hasta el manual de diagnósticos psicológicos americano por excelencia, el DSM, incluía la homosexualidad como enfermedad, los estudios de Hollywood eligieron al bueno de Marlon como estereotipo de la masculinidad ruda y hetera por excelencia. El oscarizado actor guardaba algunos de sus deseos en su área oculta. Se le atribuye incluso una relación con otro icono de los jóvenes americanos blancos y heterosexuales de los cincuenta: James Dean.

Marilyn Monroe, la actriz que encandiló al mundo entero —presidente de Estados Unidos, incluido—, tenía como compañero escondido un trastorno del habla: era ligeramente tartamuda. Su estrategia para ocultarlo y superarlo consistía en utilizar una voz provocativa y jadeante, como la que escuchamos de forma exagerada en su célebre «*happy birthday to you, happy birthday to you, happy birthday Mr. President, happy birthday to you*».

Como ves, hasta los personajes que creemos más «perfectos» y libres para hacer y decir lo que quieran tienen su lado oculto. Igual que tú e igual que nosotros. Pero solo vemos lo que podemos ver: su área pública, una que en ocasiones nos gusta tanto que tomamos como referente y tratamos de imitar —o al menos de aparentar— en la nuestra. En el mundo moderno, internet parece ser el método ideal para recordarnos lo complejos que somos y hasta qué punto nuestra identidad no deja de ser, básicamente, una representación social. Cuando los ordenadores conectados a la red comenzaron a ser elementos habituales en nuestras casas, muchas personas se lanzaron a explorar las posibilidades que albergaba esta, por entonces, nueva forma de comunicarnos. Sherry Turkle, psicóloga del mítico MIT (Instituto de Tecnología de Massachusetts), fue una de ellas. Navegaba por el ciberespacio tratando de relacionarse con cibernautas que vivieran una vida paralela en internet para escribir su libro *La vida en la pantalla: la construcción de la identidad en la era de internet*. En una de estas incursiones tropezó con alguien que afirmaba ser... Sherry Turkle. A medida que fueron intimando, la falsa Sherry le contó más cosas acerca de sí misma. Le dijo, por ejemplo, que era una investigadora que trabajaba en el Instituto de Tecnología de Massachusetts centrada, como imaginarás, en estudiar acerca de la identidad que mostramos en internet. La perplejidad de la verdadera Turkle fue en aumento al descubrir que esta persona conocía mejor su vida que ella misma. Le llegó a contar datos de su biografía que incluso ella había olvidado. Además, se mostraba mucho más coherente en sus opiniones sobre diversos temas en los que la investigadora, en la vida real, cambiaba dc opinión continuamente. No cabía duda: su clon era mejor que ella «haciendo de ella». Uno de los momentos célebres de la charla tuvo lugar cuando la usurpadora de su identidad le contó lo indignada que se había sentido al encontrarse a otras personas en foros de la red afirmando que eran la doctora Turkle. Hasta en esa charla se explicó mejor que como lo hubiera hecho la Turkle original. Lo dicho, su suplantadora resultó ser mejor candidata para representar su identidad que ella misma. Escribía mejor, era más ingeniosa en sus comentarios y más coherente. Carecía de la complejidad y dudas interiores que ella tenía y mostraba un área pública de la doctora mucho más atractiva que la que ella había exteriorizado hasta el momento. Podría, llegado el caso, delegar perfectamente sus tareas en sus manos, tal y como hacen algunos famosos con sus agentes de comunicación y *community managers*. Como ves, nuestra área pública puede ser captada por otros e incluso ser imitada... y perfeccionada.

Desde esos inicios, internet ha servido cada vez más para explorar todas las facetas de nuestra personalidad. Por supuesto, eso significa también dar cancha no solo a nuestro lado bonito, sino también al menos agradable. Un estudio[2] dirigido por el profesor Delroy Paulhus investigó la psicología de los *haters*. Paulhus es el psicólogo que más ha profundizado en la «tríada oscura», la asociación entre psicopatía, narcisismo y manipulación que caracteriza a las personas que producen el mal. Y quería saber cuál es el fac-

---

2. https://www.sciencedirect.com/science/article/pii/S0191886914000324

tor preponderante en estos «insultadores» digitales. Su conclusión, publicada bajo el divertido título de *Trolls just want to have fun* (parafraseando el éxito de Cindy Lauper, que seguramente estés ahora canturreando), es que la actitud hiriente en la red procede sobre todo del primer factor, el sadismo psicopático. Los trolls quieren divertirse y lo hacen desahogando una crueldad que en la vida cotidiana, en las relaciones cara a cara, no les estaría permitida. El anonimato de internet les permite sacar su lado oscuro. Vamos, que si en tu área pública no puedes sacar esa ira que tienes acumulada de una vida que no te llena, es probable que tengas una cuenta en Twitter con un nombre de usuario peculiar y te dediques a criticar todo aquello que no te atreves a decir en las comidas con tus amistades o compañeros de trabajo.

Puestos a ponernos el traje de psicodetectives en la red, tenemos que contarte que lo que decimos desde nuestros perfiles (área pública), y sobre todo cómo lo decimos, cuenta mucho de cómo somos (áreas oculta, ciega e incluso desconocida). Hay experimentos sobre comunicación online que lo confirman. La conclusión general de estas investigaciones es que ciertos rasgos se manifiestan en patrones inconscientes online, que, como inconscientes que son, escapan a nuestro control. Es lo que refleja, por ejemplo, un estudio[3] publicado en junio de 2023 en el *Journal of Personality and Social Psychology*. En él, un equipo de investigadores de la Universidad de Pensilvania analizó datos de más de sesenta mil usuarios de Facebook. Los científicos tuvieron que salvar la

---

3. http://psycnet.apa.org/?&fa=main.doiLanding&doi=10.1037/pspp0000020

dificultad de encontrar etiquetas psicológicas válidas para expresiones nuevas y hasta entonces no contempladas: palabras como «LOL», señales de puntuación repetidas (!!!!) o emoticonos diversos usados en abundancia por los sujetos experimentales, miembros de la generación Z.

Pero, una vez salvados estos obstáculos, consiguieron datos que mostraban que la personalidad profunda «y en parte nuestra área ciega» se refleja también en internet. Compartimos aquí algunas de las conclusiones. Por ejemplo: las personas más extrovertidas manifiestan ese rasgo al usar con frecuencia frases de emocionalidad positiva («Estoy feliz», «Fiesta», «Disfrutando a tope», «Amor»...). Las introvertidas, por su parte, son más dadas a la utilización de frases que incluyen la palabra «*no*» (algo que se comprueba en otros ámbitos). También encontraron correlaciones entre puntuaciones altas en narcisismo y el uso frecuente de la primera persona («yo», «mi», «mío»...) en redes sociales. Los participantes que puntúan alto en «Apertura a la experiencia» parece que hablan más de cambios vitales y menos de sus rutinas. Y aquellos para los que es importante la «Deseabilidad social» (tendencia a agradar a los demás) hablan mucho más con frases que incluyen palabras como «familia», «hermoso», «amigos»... Así que si quieres conocer las áreas ocultas de los demás, presta atención no solo a lo que cuentan, sino a cómo lo cuentan.

Volviendo al área pública, parece que es a la que más energía dedicamos. No nos conformamos con mostrarla, sino que sentimos la necesidad de ser coherentes el mayor tiempo posible con lo que mostramos. Este fenómeno lo describió el psiquiatra Eric Berne en su libro: *¿Qué dice us-*

ted después de decir hola? Los seres humanos construimos un modo de presentarnos ante los demás, un papel, que reúne los aspectos de nosotros mismos de los que nos sentimos más orgullosos. Representamos ese rol con todas nuestras fuerzas en los primeros momentos de las relaciones y después intentamos mantenerlo en la medida de lo posible. Ocurre en internet... y en cualquier otra forma de trato humano. Así que cuidado con las exigencias que te obligan a mantener la faceta que muestras, porque puedes acabar siendo esclavo de la imagen que deseas proyectar.

¿Y si después de leer este episodio decidieras jugártela y sacar a la luz tu área oculta? ¿Podrías abandonar esa personalidad por la que todo el mundo te conoce y dejar salir ese lado oculto que llevas años, tal vez décadas, manteniendo a raya? ¿Y si lo hicieras de forma abrupta y descontrolada? Esto último es lo que proponen activistas como Mark Hawthorne, alias Hate Man. Su idea es organizar desfiles en los que los participantes van, por ejemplo, clamando iracundos por la calle contra todo y contra todos, deseando a los transeúntes que tengan el peor día de su vida y comenzando cualquier diálogo con un «Te odio». El objetivo es sacar a la luz esa cara B que ocultamos, y ver qué pasa. El movimiento no parece haber tenido mucho éxito, entre otras cosas porque la sociedad no tiende a creer en la sinceridad de las intenciones de quienes dicen que expresan sus sentimientos de forma espontánea y sin filtro. Como decía el filósofo F. Nietzsche, «no existe nada más hipócrita que la eliminación de la hipocresía».

Así que parece que esto es lo que tenemos: una amalgama de compartimentos estancos donde, si mantenemos cerrados los adecuados, podremos vivir en sociedad sin que el barco se hunda. Para mantenerlo a flote, debemos ser capaces de no sacar a la luz ciertos sentimientos que podrían perjudicar al colectivo, sin olvidar que ese fondo cavernícola sigue estando dentro de nosotros y necesitamos desahogarlo cuando se presenta la oportunidad. Tenemos el «hardware biológico» necesario para la tarea de administrar esas cuatro áreas: el psicólogo evolutivo Robert Kurzban mantiene la hipótesis de que nuestra mente siempre ha funcionado de forma modular. Bajo su punto de vista, estamos diseñados de tal forma que albergamos distintas unidades especializadas. Somos como un ordenador con distintos elementos conectados, y cada periférico —cada elemento— tiene un para qué, un sentido adaptativo. Durante la mayor parte de nuestra vida, estos dispositivos funcionan en paralelo y a la perfección. La parte que autocontrola nuestro lado oscuro y la mantiene en penumbra, busca hacer bien a la sociedad y cuidar nuestra imagen pública. La que canaliza esos sentimientos tabúes hacia expresiones culturales admitidas, rituales dionisiacos o comentarios en internet, optimiza nuestra paz interior. No son objetivos incompatibles.

Michel Foucault, en su *Historia de la locura*, dijo que «No hay una sola cultura en el mundo en la que esté permitido hacerlo todo. Y desde hace mucho tiempo se sabe bien que el hombre no comienza con la libertad, sino con el límite de lo infranqueable». Saber que somos complejos, que no podemos definirnos con pocas etiquetas, es una buena forma de empezar a explorar esos límites y mirar qué tenemos escondido en esas áreas que no ven los demás, y en ocasiones, ni siquiera nosotros mismos.

EXTRA

EXTRA

UNA PREGUNTA PARA LOS AUTORES

¿Cómo tratáis de alcanzar el equilibrio entre las diferentes áreas, tanto las públicas como las privadas?

Luis

Desde hace muchos años, yo utilizo una técnica que usamos muchos introvertidos: compartimentar mi vida. Divido claramente mi mundo laboral y mi mundo personal, y en cada uno de ellos intento fomentar partes distintas de mi personalidad.

En mi faceta laboral extraigo de mí todo lo que tiene que ver con motivación de contribución, exploración y pragmatismo. Intento poner sobre la mesa todo lo que llevo dentro que puede servir para ayudar a los demás. Además, estoy continuamente abierto a nuevas experiencias y mundos distintos, nuevos retos que me permitan hacer mi trabajo más estimulante. Y soy muy ordenado y planificador (trabajando saco mi lado más neurótico), buscando optimizar tiempos e intentando

Luis

gestionar la parte logística con el mínimo esfuerzo posible. Para conseguir sacar de mí todo esto, intento rodearme de un ambiente que fomente esas áreas de mí mismo. Elijo mi forma de vestir, los compañeros de trabajo, los lugares que me rodean e, incluso, el lenguaje que utilizo, para tratar de extraer lo mejor de mi «lado laboral».

En mi faceta personal busco fomentar otras áreas de mi personalidad. Te dejo con la intriga de cuáles son.

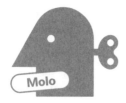

Molo

Conozco a muy pocas personas que aparentemente manejen bien los porcentajes de información personal que guardan en cada una de las áreas de las que hemos hablado. Y Luis, al menos bajo mi punto de vista, está entre ellas. En mi caso, no siempre he tenido una ventana de Johari balanceada. Sigo sin tenerla, aunque cada año creo que va equilibrándose un poco más. Ya sabes que somos del club de las personas imperfectas. Cuando eres más joven, lo normal es que te preocupes por encajar en tu grupo de iguales. Si por entonces no pones tu foco y energía en controlar la imagen que proyectas —tu área pública—, es que no has pasado por la adolescencia

Molo

o que tienes una personalidad apabullante y una confianza en ti a prueba de balas. Pero lo normal es que al igual que retocas las fotos de Instagram, también pongas algún filtro (de esos que potencian tu belleza) al resto de la información que compartes. Parte de esa preocupación nace de la necesidad de encajar, y sigue ahí pasados los años. Cada uno es cada uno y hay personas que mantienen su preocupación por caer bien hasta el fin de sus días. Pero con el transcurso de los años —ahora te escribo desde mi cuarta década— te puedo asegurar que he pasado de preocuparme demasiado por lo que los demás pensaran sobre mí, a quedarme con ese mantra tan liberador de «lo que los demás opinen de mí no es asunto mío». Obviamente no siempre funciona y te sigue fastidiando que te critiquen, pero esas opiniones ajenas, un buen día, dejan de condicionarte.

¿Cómo lo he ido haciendo? Pues en mi caso con trabajo y terapia. Pero, vamos, no sé si te resultará interesante mi caso, porque soy bastante *random*, del montón, lo que sí que me apetece recordar aquí es un estudio que compartimos en el último capítulo del libro anterior, *Entiende tu mente: claves para navegar en medio de las tempestades*. En aquellas páginas hablamos del experimento sobre autoestima y claridad del autoconcepto de J. D. Campbell. Te hago *spoiler*: al final si te conoces bien, tu autoestima sale reforzada.

Molo

Si pierdes el miedo a mirar a fondo en tus zonas ocultas y a descubrir que tienes, además de virtudes —que las tienes, no lo dudes nunca—, puntos débiles, acabas asumiendo que no le vas a caer bien a todo el mundo y, a la vez, te empiezas a llevar mejor contigo mismo. No suena mal, ¿verdad?

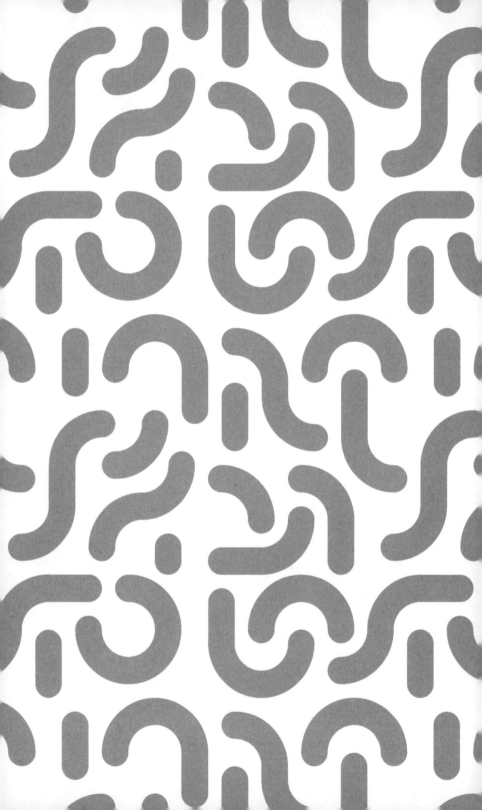

CAPÍTULO 6

Somos empáticos

Este capítulo empieza fuerte. Te planteamos que tomes una decisión que implica la muerte de alguien.

Eres guardagujas. Te encargas de manipular y controlar la dirección de los trenes en una estación pequeña, muy poco transitada. Un macabro asesino ha atado a cinco personas desconocidas a una de las dos vías de la estación. Un tren descontrolado se dirige, a toda velocidad, hacia ese grupo. Si continúa su curso, serán atropelladas y morirán.

Sin embargo, tú estás al lado de la palanca que puede cambiar la dirección del tren hacia la segunda vía. El problema es que, en esa otra, hay una persona atada. La puedes ver. Es tu hermano. Tienes diez segundos para decidir... ¿qué haces?

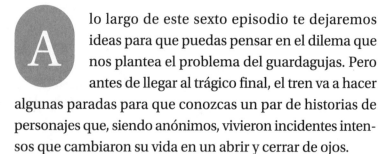

A lo largo de este sexto episodio te dejaremos ideas para que puedas pensar en el dilema que nos plantea el problema del guardagujas. Pero antes de llegar al trágico final, el tren va a hacer algunas paradas para que conozcas un par de historias de personajes que, siendo anónimos, vivieron incidentes intensos que cambiaron su vida en un abrir y cerrar de ojos.

El primer protagonista es Phineas Gage. Con veinticinco años trabajaba como capataz de una cuadrilla de construcción en Vermont, Estados Unidos. Era conocido por ser un empleado excelente. Sus colegas lo respetaban, le tenían aprecio. Pero todo dio un giro de ciento ochenta grados, el 13 de septiembre de 1848. Mientras realizaba tareas de voladura de rocas sufrió un accidente terrible. Una barra de hierro de más de un metro de longitud, conocida con el nombre de *tamping iron*, salió proyectada y se incrustó en la cabeza de Phineas, atravesando su mejilla izquierda y saliendo por la parte superior de su cráneo.

Consiguió sobrevivir milagrosamente al impacto, pero la lesión tuvo un efecto devastador en su personalidad y comportamiento. Como hemos dicho, antes del accidente su entorno le tenía por un hombre afable y equilibrado. Pero a medida que se recuperaba físicamente, empezaba a hablar y a relacionarse, sus amigos y familiares comenzaron a notar que el bueno de Phineas había cambiado. Se volvió impulsivo, impaciente y egocéntrico. Perdió su capacidad de empatizar y de entender las emociones de los demás. Las personas que le querían no entendían nada. De alguna forma, Phineas había dejado de estar conectado con el mundo.

Sabemos de esa transmutación por los numerosos estudios que le realizaron tratando de explicar ¿qué le llevó a convertirse en el Mr. Hyde del doctor Jekyll? De hecho, a día de hoy este caso aparece mencionado en manuales de varias asignaturas de la carrera de Psicología. Sin entrar en detalles neurocientíficos —sus cambios se relacionan con las lesiones en varias zonas cerebrales—, la realidad es que, a nivel comportamental el cambio fue radical. Interrumpía conversaciones de forma abrupta cuando se aburría, insultaba a las personas sin motivo aparente, tenía mal carácter de la mañana a la noche, se volvió distante y frío hacia las personas que antes eran cercanas a él, era incapaz de comprender y responder a las buenas palabras de los demás, era una persona opuesta a la que fue.

Después del accidente, Phineas dejó su faena en la construcción y pasó gran parte de su vida viajando y buscando nuevas formas de ganarse la vida. Trabajó de lo que pudo, a menudo en ferias y circos, donde exhibía su historia y su barra de hierro. Despertó la curiosidad de científicos y periodistas. ¡Su caso era tan espectacular! Sin embargo, a pesar de la atención que recibió por su morbosa lesión, nunca logró rehacer su vida. Continuó adelante, como pudo, con sus problemas de comportamiento y adaptación social hasta su muerte a los treinta y seis años, a causa de una serie de convulsiones relacionadas con las secuelas del suceso que le hizo famoso.

Casi dos siglos después, en enero del 2007, Wesley Autrey, un obrero de la construcción de Nueva York, demostró que la empatía sigue existiendo —siempre y cuando una barra de hierro no haya hecho trizas tus lóbulos frontales— incluso en lugares donde la gente, por lo general, permanece ajena a todo lo que no sea la pantalla de su teléfono móvil. Wesley esperaba junto con sus dos hijas pequeñas la llegada del metro cuando vio a un joven caer a las vías, víctima de un ataque de epilepsia. A pesar del riesgo que conllevaba, no dudó en saltar tras él para intentar socorrerlo. Es más: al ver que no podía subirlo a tiempo al andén, decidió poner al muchacho cabeza abajo y protegerlo con su cuerpo. Wesley y el joven socorrido se salvaron milagrosamente.

Para todo el mundo fue un hecho fascinante. Para Wesley, lo que tocaba. Aunque se hizo tremendamente popular, acaparó titulares en prensa y reportajes en diferentes medios de comunicación, recibió la Medalla de Honor de la ciudad de Nueva York y fue invitado por el presidente a la Casa Blanca, él siempre ha hablado de su acto heroico como algo normal. En las entrevistas, siempre menciona que no podría haber hecho otra cosa. No considera su hazaña como un acto épico: para él fue, más bien, algo inevitable, un impulso natural. Él, que sigue trabajando como obrero de la construcción, cree que todos los seres humanos tenemos la compulsión de ayudar al prójimo.

Desde tiempos remotos sabemos que solidarizarnos con los sentimientos ajenos es parte de la psique humana y que, hacerlo, nos ayuda a sentirnos mejor. En la milenaria Isha-Upanishad —una de las escrituras sagradas del hinduismo— figura este mantra: «*El hombre que puede ver todas las criaturas en sí mismo y a sí mismo en todas las criaturas, no conoce el miedo*». Siglos después, Descartes afirmó que «El bien que hemos hecho nos da una satisfacción interior que es la más dulce de todas las pasiones». Y otro filósofo, Ralph Emerson, escribió en el siglo xix: «Una de las más bellas compensaciones de la vida consiste en que nadie puede tratar sinceramente de ayudar a otro sin que se ayude a sí mismo».

En la actualidad, las recientes investigaciones sobre la fisiología de la empatía apoyan esa idea de Wesley Autrey: los seres humanos venimos de fábrica diseñados para que nos afecte el sufrimiento ajeno y tenemos tendencia a intentar echar una mano, salvo que un daño cerebral nos inutilice el hardware que enciende nuestra empatía. Estos estudios revelan, por ejemplo, la existencia de neuronas espejo en el cerebro, que son células nerviosas que se activan cuando observamos a otra persona realizando una acción y nos llevan a simular internamente las experiencias y emociones que vemos. También se están identificando genes que pueden estar asociados con esta capacidad de sentir emociones dentro, motivadas por lo que vemos fuera, incluido el gen del receptor de oxitocina (una hormona relacionada con los vínculos sociales y la empatía) y el gen del transportador de serotonina (un neurotransmisor que también está relacionado con las emociones y, una vez más, la empatía). Volviendo al ejemplo de Phineas Gage, sabemos que la brutal lesión afectó particularmente la región frontal de su cerebro, incluido el córtex prefrontal, que desempeña un papel crucial en la toma de decisiones y la regulación emocional. Hoy en día, estos experimentos que nos acercan a las bases fisiológicas del contagio emocional nos dirían mucho más acerca de qué áreas exactamente se vieron afectadas por la maldita barra de hierro de Phineas.

¿NOS SIENTA BIEN SER EMPÁTICOS?

Si llevas en este planeta menos de un siglo, la pandemia surgida a consecuencia de la COVID habrá sido, posiblemente, el hecho social que más te ha afectado. En esos tiempos de incertidumbre vimos que las reacciones de los seres humanos, en un momento de tensión, miedo y tristeza, no fueron en general tan terribles como profetizaban las películas de zombis. Es más, en general, tratamos de estar pendientes del vecino y de echarle una mano en la medida de lo posible. Un estudio llevado a cabo por más de treinta investigadores de diferentes lugares del mundo puso el foco en el comportamiento prosocial —aquel que ponemos en marcha cuando buscamos socializar y colaborar con los demás—, así como sus consecuencias psicobiológicas durante los meses más duros, los del primer confinamiento. Cerca de diez mil participantes completaron una encuesta que extrajo datos como este: el comportamiento prosocial ocurre con frecuencia —más de lo que podríamos pensar— y se asocia con un mayor bienestar. Es decir, que en la pandemia quienes echaban una mano solían comentar que se sentían mejor que quienes no lo hacían. ¿Ser empático y «moverse» por empatía correlaciona con nuestra apreciación de bienestar?

Hay «termómetros científicos» que muestran que la generosidad ayuda al ayudador a nivel biológico. Un estudio llevado a cabo en la Universidad de Harvard por el psicólogo David McClelland evidenció que, en un gran número de personas, tras presenciar actos prosociales —en el experimento utilizaron como variable independiente la proyección de una película sobre Teresa de Calcuta—, aumentó la cantidad de inmunoglobulina A en la saliva, un anticuerpo que ayuda a combatir las infecciones respiratorias. Por su parte, el doctor Redford Williams del Centro Médico de la Universidad de Duke, en Carolina del Norte, comprobó que cuanto más hostil es la persona, más obstruidas se encuentran sus arterias coronarias. Y en relación con esto, el psicólogo Charles Spielberger de la Universidad de Florida, ha demostrado que sentimientos como la ira, la irritabilidad y la tendencia a competir son factores que incrementan la probabilidad de padecer accidentes cardiovasculares.

Y, por supuesto, también se han hallado beneficios psicológicos. Un ejemplo: el psiquiatra George Vaillant —que ha estudiado durante treinta años la evolución de un grupo de graduados de Harvard— verificó que un estilo de vida altruista correlaciona con una buena salud mental.

Lo físico y lo psíquico se unen en la que quizá sea la investigación más impactante sobre esta cualidad. Un estudio de la Universidad de Michigan encontró un vínculo entre el comportamiento empático y la longevidad. Los científicos que lo dirigieron comprobaron que las personas que no habían relatado experiencias altruistas tenían un 60 % más de posibilidades de fallecer que las personas proclives a ayudar a los demás. Phineas Gage, la persona que perdió su empatía por culpa de una barra de hierro, fue un ejemplo de lo desadaptativo que resulta convertirse en una persona aislada emocionalmente del mundo.

La demostración de los problemas que produce la falta de empatía y los beneficios que le presuponemos han hecho que esta palabra se ponga de moda. Desde que el psicólogo E. Titchener la utilizó en una conferencia en 1909, hasta ahora, el término se ha extendido como la espuma. De hecho, como nos recuerda el divulgador Steven Pinker, ha ido desplazando a otras virtudes psicológicas «más guerreras», altamente valoradas en el pasado siglo xx. En la década de los sesenta, analiza Pinker, las palabras que vendían más libros de autoayuda eran las que formaban la frase «fuerza de voluntad», una característica propia de los ambientes competitivos de por entonces. En la década de los ochenta, el vocablo «empatía» tenía que lidiar con otros términos que trataban de frenarla, como el del «autocontrol», otra de esas virtudes de las que hacían gala los personajes de supuesto éxito a finales del siglo pasado. Hoy en día, desde que la balanza se ha inclinado hacia el lado de la inteligencia emocional, la empatía es, sin duda, la ganadora de la partida.

Pero, por supuesto, la mayor razón que se da para fomentar la empatía es su contribución al vínculo social. Esta habilidad para ponerse en la piel del otro explica por qué hay personas que se juegan la vida por los demás. Y también ayuda a entender por qué hay otras, como Phineas Gage tras su accidente, que se convierten en tóxicas. De hecho, hay psicólogos que afirman que la carencia de esta cualidad es el factor que hay detrás de los males del ser humano. Simon Baron-Cohen es uno de ellos. En su libro *Empatía cero* afirma que el déficit de esta cualidad explica la crueldad que encontramos a nuestro alrededor. Para este investigador, hay una gran variedad de condiciones en las que se puede reducir la empatía hasta el punto de llegar a eliminarla. Cita entre ellas factores de personalidad (como el narcisismo), psicopatologías (los individuos diagnosticados con trastornos de personalidad son un ejemplo), estados de conciencia alterados (por el consumo de drogas, por ejemplo) y factores ambientales (como la despersonalización del otro que producen los fanatismos). El resultado de cualquiera de estas variables es, según Baron-Cohen, el mismo: el individuo que no tiene empatía «cosifica» a los seres vivos que le rodean y los convierte en objetos.

Hoy en día parece que todos estamos de acuerdo: el ser humano es, por naturaleza, empático. Y esa aptitud es necesaria para que la vida social funcione. Pero ¿es suficiente? ¿Basta con contagiarse emocionalmente de los sentimientos ajenos para ayudar a las personas y, a su vez, sentirse mejor uno mismo?

En noviembre de 1923 los Ballin —una familia de judíos trabajadora y amable— tuvieron una oportunidad para poner a prueba su empatía. Un individuo llegó malherido a su casa: una bala le había atravesado la pelvis. La familia lo acogió, lo escondió mientras se recuperaba de sus heridas —de no haberlo hecho hubieran sido mortales— y, al saber que la policía lo estaba buscando, intentó ayudar a este hombre a huir del país. Ahora se sabe que protegieron al extraño por altruismo: no hubo motivaciones económicas ni ideológicas de por medio. Pero probablemente eso no impidió que los Ballin se cuestionaran a sí mismos su comportamiento en los años siguientes. Porque el individuo herido era Hermann Göring, el mismo que con el tiempo se convertiría en uno de los jerarcas del régimen nazi, responsable del asesinato de millones de judíos. Había sido alcanzado por las fuerzas del orden durante un intento de golpe de Estado del Partido Nacional Socialista, el llamado «Putsch de Múnich». La solidaridad de los Ballin sirvió para que pudiera recuperarse, huir... y después ser uno de los responsables de la muerte de millones de personas. Y aunque ningún miembro de esa familia murió en campos de concentración, la mujer de Robert Ballin falleció durante su huida de Alemania.

El cínico Dr. House le responde a una paciente que intenta despertar su lado sensible: «¿Preferirías a un médico que te coja la mano mientras te mueres o uno que te ignore mientras mejoras?». Evidentemente, esas no son las dos únicas opciones (el honesto doctor lo reconoce completando la respuesta: «Aunque yo creo que lo peor sería uno que te ignore mientras te mueres...»). Pero es cierto que todos conocemos ejemplos que demuestran que la sensibilidad ante el dolor ajeno no es condición suficiente para ayudar a los que nos rodean.

Por eso los apologistas de la empatía como factor importante de la solidaridad entre humanos tratan de acotar el concepto. Un ejemplo de este enfoque son las teorías de Steven Pinker. En su libro *Los ángeles que llevamos dentro*, este psicólogo evolucionista acumula datos que muestran que, en este momento histórico, el ser humano es menos violento que nunca. Sus estadísticas reflejan que vivimos en la época con menos guerras, genocidios y represión de nuestra andadura como especie. Jamás han sido tan bajas como lo son hoy, las posibilidades de que sucumbamos a una muerte violenta. Además, han dejado de estar extendidas la esclavitud legal, la costumbre de torturar a los condenados a muerte antes de matarlos y una larga serie de brutalidades que antes campaban a sus anchas por todo el planeta.

Las controvertidas ideas de Pinker (sus estadísticas son abrumadoras, pero chocan con la sensación de inseguridad del mundo actual) se complementan con una hipótesis acerca de la causa de esta evolución en positivo. Según este psicólogo, el ser humano se ha hecho más altruista gracias a que hemos trascendido el concepto sentimental de la empatía y hemos accedido a un concepto más cognitivo, más basado en la razón. Para ser solidarios de verdad, no basta con contagiarnos emocionalmente con los sentimientos ajenos.

Una de las razones para que haga falta cabeza además de corazón es que la empatía puede convertirte en el blanco perfecto de los estafadores emocionales. Sentirse mal cuando el de enfrente parece estarlo, puede ser usado («quien hace la ley hace la trampa») para beneficio personal de aquel que guarda un fin escondido en la emoción manifestada. Es algo que ocurre a menudo con las personas hiperempáticas, muy sensibles a este fenómeno: pueden ser más fácilmente manipulables. Si te consideras una de ellas, sigue leyendo.

Te contamos tres investigaciones curiosas que nos alertan acerca de nuestra vulnerabilidad para el chantaje emocional. Un estudio[1] del Instituto Weizmann de Ciencias de Israel llega a la conclusión de que las lágrimas inhiben la producción de testosterona en el hombre que las contempla, reduciendo su nivel de ira y aumentando la necesidad de estar de acuerdo con la persona que llora... o finge llorar (que era lo que ocurría en la investigación). En otro artículo,[2] el psicólogo P. Valdesolo analiza cómo utilizan la sonrisa los luchadores para influir en el comportamiento del

---

1. https://www.jornada.com.mx/2011/01/19/ciencias/a02n1cie
2. https://www.scientificamerican.com/article/smile-you-are-about-to-lose/

púgil contrario cuando sienten que van a perder: la piedad hace que el rival reduzca sus esfuerzos por ganar. Y una investigación[3] de la universidad británica de Central Lancashire acaba de demostrar que los gemidos de las mujeres durante las relaciones sexuales no son solo una manifestación de placer, sino también una táctica para estimular a su pareja: la mujer gime para «optimizar» su potencial de dar placer, a su pareja. Aunque estaría bien analizar también el gemido masculino, porque apostamos a que llegaremos a la conclusión de que los hombres hacen exactamente lo mismo.

En la tristeza, en la pelea, en el disfrute erótico y en todo el resto de las expresiones emocionales hay una voluntad de influir en la persona que tenemos al lado. Hay en la actualidad muchos experimentos que muestran cómo se contagian los aplausos o las risas, un efecto multiplicador que ha sido utilizado con intereses económicos por la televisión desde hace décadas. Y es imposible que esa vulnerabilidad que nos deja la empatía no sea aprovechada, porque existen personas expertas en manipularnos a través de ella. Son aquellos que el psicólogo Mark Snyder denomina «automonitoreados». Estas personas contagian sus emociones porque suelen ser conscientes en todo momento de la imagen de sí mismos que proyectan en los demás. Autocontrolan su expresión sentimental después de haber evaluado previamente el ambiente social que los rodea. Para ellos no es importante el alivio de la expresión emocional (no les

---

3. https://www.abc.es/ciencia/abci-verdad-gemidos-femeninos-durante-201108160000_noticia. html

tranquiliza llorar, expresar su ira o ponerse cariñosos) y por eso la canalizan únicamente con el objetivo de que produzca el efecto deseado.

El riesgo de manipulación es una de las causas por las que el contagio emocional no basta para asegurar nuestra eficacia altruista. El otro fenómeno que cuestiona la eficacia universal de la estrategia sentimental es que la empatía, en exceso, también puede acabar siendo poco adaptativa para nosotros mismos. Un exceso de empatía nos puede llevar al autosacrificio. Las personas que «sufren» esa excesiva conexión con los demás acaban por olvidar sus propias necesidades. El hábito de tener en cuenta antes al resto que a sí mismos los lleva, al principio, a postergar sus propios gustos. Y poco a poco acaban por olvidarlos. Al final, no solo es que cedan ante lo que el otro quiere, es que tampoco saben lo que ellos quieren.

Volvamos al dilema ético que te hemos planteado al principio del capítulo. Muchísimas personas se dan cuenta de que, si solo tuvieran diez segundos para decidir y estuvieran mirando el rostro de su hermano, serían incapaces de usar la palanca para cambiar el tren de vía. Los mecanismos biológicos de la empatía que todos llevamos dentro se lo impedirían. Pero, por otra parte, desde el punto de vista ético, su acción (dejar morir a cinco personas en vez de una) parece muy cuestionable. Si solo nos guiamos por el corazón, nuestras acciones no tienen por qué ser altruistas.

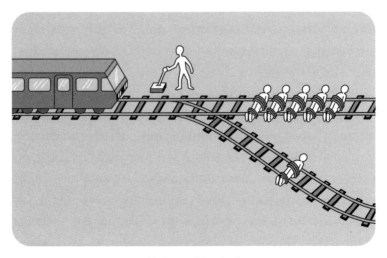

Y tú, ¿qué harías?

Pero, por supuesto, podemos encontrar ejemplos de que, sin ese contagio emocional, la ética tampoco llega. Un divertido vídeo viral[4] nos muestra a un padre planteándole a su hijo de dos años el dilema del guardagujas con varios legos y una maqueta de tren. A esa edad no ha nacido aún la empatía, así que Nicholas (así se llama su retoño) responde al requerimiento de su progenitor sin dudar. Agarra el muñeco que representa a su hermano de la otra vía, lo coloca junto con los cinco pobres que esperan a que les atropelle el tren y así demuestra que prefiere que la máquina se lleve por delante a todos de una vez y asunto solucionado. De hecho, no tiene ganas de esperar: empuja el tren para que atropelle lo antes posible a los muñecos del hermano y las cinco víctimas desconocidas. ¡Sin piedad!

---

4. https://www.youtube.com/watch?v=-N_RZJUAQY4&ab_channel=E.J.Masicampo

El divertido vídeo nos muestra que, sin empatía, tampoco hay solidaridad. Por eso, cuando nos hacemos mayores, la solidaridad teórica, sin ningún acompañamiento emocional, es casi imposible. En la vida cotidiana, muchas situaciones inhiben nuestra posibilidad de contagio emocional: la despersonalización de las grandes empresas y las grandes ciudades, la invisibilidad de los excluidos sociales o, simplemente, que tengamos mucha prisa. A principios de los años setenta, un demoledor experimento de los psicólogos Darley y Batson demostró el peligro de los dos últimos factores de la lista. La investigación se realizó con estudiantes del Seminario Teológico de la Universidad de Princeton. A estos futuros sacerdotes se les pidió que dieran una charla sobre la parábola del buen samaritano. Después de concederles un tiempo para pensar sobre el tema y ordenar sus ideas, los investigadores les pidieron que se dirigieran rápidamente a un estudio de grabación situado en otro edificio. Por el camino, los estudiantes se encontraron con un hombre caído en el umbral de una puerta, gimiendo lastimosamente y tosiendo, que parecía necesitar ayuda inmediata. Sin embargo, la prisa para llegar a tiempo al estudio para realizar la grabación de su texto pudo más que el altruismo: el número de estudiantes que se detuvo a socorrer al pobre hombre no llegó al 10 %. Su «sueño racionalista de altruismo» demostró no ser suficiente para ayudar a los que sufren.

Como suele ocurrir con los asuntos humanos, la solución al dilema no es tan sencilla.

Existen ejemplos de actos de solidaridad impresionantes guiados por sensaciones viscerales. Alvin Straight, un modesto granjero, protagonizó uno de ellos. Era un viudo de setenta y tres años que vivía con su hija, aquejada de problemas del lenguaje. Además, tenía que preocuparse de su propia salud: acababa de pasar un tiempo en el hospital por culpa de un enfisema y problemas de cadera. Aun así, cuando le informaron de que su hermano (con el que no se hablaba desde hacía diez años) había sufrido un derrame y podía fallecer pronto, no dudó en montarse en su tractor cortacésped e iniciar el camino hacia Wisconsin. No tenía mucho dinero, no tenía carnet de conducir y el inverosímil método de transporte prometía crearle grandes problemas técnicos (como realmente ocurrió). Pero Alvin consiguió recorrer aquella gran distancia —cerca de cuatrocientos kilómetros— para hacer las paces con su hermano. Después, la película de David Lynch *Una historia verdadera* lo hizo famoso al contar su hazaña. Cuando le preguntaron por qué lo hizo, respondió: «Porque era lo que me pedía el corazón y la cabeza». Quizá esa mezcla, que el psicólogo Bruno Bettelheim denominaba «un corazón bien informado» sea la más adaptativa a la hora de ayudar eficazmente a los demás. Empatía sí, ¡pero con cabeza!

EXTRA
EXTRA
UNA PREGUNTA PARA LOS AUTORES

En vuestro caso, ¿cómo dejáis sacar vuestro lado empático, sin morir en el intento?

Molo

Supongo que hay personas que lo pueden racionalizar más. Yo soy bastante impulsivo y si sale, sale. Supongo que Luis te puede contar más sobre cómo dosificarla cuando haces varias sesiones al día con personas que lo están pasando realmente mal y donde un exceso de empatía con el sufrimiento que acarrea puede no ser la forma más eficaz para echar una mano. Lo que sí quiero compartir contigo son dos ideas sobre la conducta de ayuda —que cuando emerge es en parte porque la empatía juega sus cartas—. La primera es que el radar para saber detectar si alguien necesita apoyo, a veces se encuentra averiado. Si tienes la suerte de tener cerca de ti a una persona sensible, aprende a mirar como ella. Te abrirá la posibilidad de ver donde tus sentidos no se fijan y poner a punto la máquina de la empatía

Molo

—si es que te apetece, claro—. La segunda es que cuando sientas que puedes echar una mano, lo hagas. Los psicólogos Latané y Darley en su día estudiaron las etapas por las que vamos pasando hasta que decidimos dar el paso de ayudar al de enfrente. Tenemos que darnos cuenta de que la persona atraviesa un mal momento —ahí desempeña un papel crucial la empatía— y sentirnos responsables y capaces. Nos frena desde el miedo a no saber qué hacer hasta la presión de «tener que ser precisamente nosotros» quienes rompamos la tendencia a la no ayuda a la que nos lleva la ignorancia pluralista (el pensar que «por algo será», cuando nadie le echa una mano a la persona dolida). Pero moverse tiene premio. Por lo general cuando rompes el hielo, más personas se apuntan al equipo de ayudadores.

Luis

Como dice Molo, yo supongo que soy más racional para estos temas. Creo en la solidaridad, en la conducta de ayuda. De hecho, uno de los libros que más me ha impactado en los últimos años es *Dignos de ser humanos*, de Rutger Bretman. Su autor plantea una hipótesis contraintuitiva: ¿Y si el ser humano, al que suponemos egoísta y maquiavé-

Luis

lico, es, en general, más solidario y cooperador de lo que suponemos? ¿Y si nuestro éxito evolutivo se basa en la negociación, más que en la guerra? Para mí, lo más impactante de este libro es que plantea que la ayuda mutua es una táctica beneficiosa para las dos partes. No es un libro ingenuo, no habla de auxiliar a los demás por altruismo: plantea que es la mejor manera de que las cosas nos vayan bien.

Ese libro me conmovió porque expresa una idea que yo he tenido desde joven: me gusta ayudar solo cuando creo que es lo mejor... para todos. Por eso primero valoro la situación, es decir, intento empezar con una empatía más racional. Trato de saber si echar una mano en una determinada situación es lo mejor para la persona que recibe la ayuda y, también, si va a ser satisfactorio para mí. Trato de conectar mi sentimiento de solidaridad solo en situaciones *win-win*, en las que todos salen ganando. Si creo que intentar echar una mano no va a ser beneficioso para la otra persona o para mí, entonces no me implico emocionalmente. Por el contrario, cuando veo que de verdad estoy ayudando y ayudándome, entonces meto todo el corazón en el asunto.

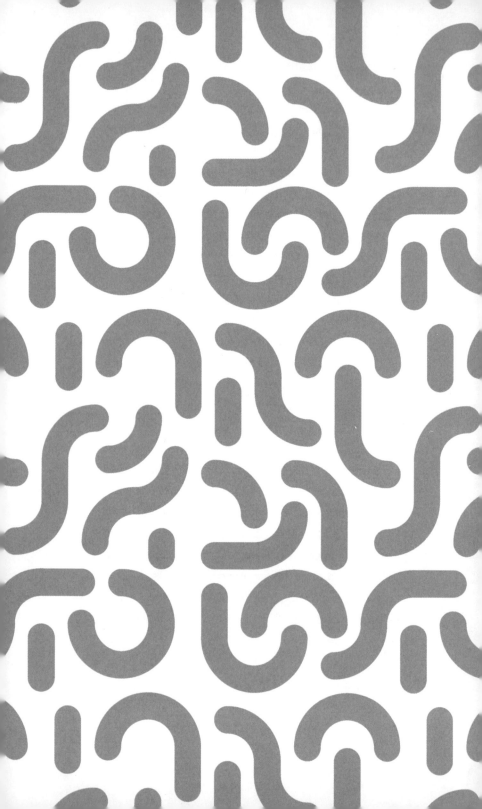

CAPÍTULO 7

Somos
irracionales

En este séptimo episodio te vamos a proponer varios acertijos. ¡Nos encanta jugar! Pero no te eternices a la hora de dar una respuesta. Contesta lo más rápido posible, tal y como solemos hacer en este mundo acelerado. Empezamos por el primero y, recuerda, di la primera respuesta que se te venga a la cabeza.

Entras a comprar en una tienda y te ofrecen un descuento. Te piden que elijas entre la OFERTA 1, con la que te vas a ahorrar diez euros en cualquier compra que hagas, sin necesidad de abono previo; o la OFERTA 2, por la que tienes que pagar por adelantado siete euros para que luego te descuenten veinte euros del total de los productos que adquieras.

¿Por cuál de las dos alternativas te decides?

Arthur C. Clarke, el conocido autor de novelas de ciencia ficción, recordaba en sus escritos que «no está probado todavía que la inteligencia sea un valor para la supervivencia». La irónica frase intentaba hacernos ver que, quizá, sobrevaloramos el valor adaptativo de nuestra racionalidad. Los seres humanos tendemos a pensar que nos va mejor cuando pensamos mucho los pasos antes de darlos, aunque, en realidad, existen cientos de ejemplos de éxitos evolutivos que vienen de hacer lo contrario.

Los fenicios, conocidos por su habilidad en la navegación y el comercio, descubrieron por accidente el vidrio durante uno de sus viajes por el Líbano, cuando decidieron utilizar bloques de natrón —un mineral que los egipcios usaban para dejar a punto sus momias— para apoyar sus utensilios de cocina. Los pueblos que visitaron se rieron mucho de ellos, porque el material era desastroso para ese uso: se derretía con el calor y las sartenes, como imaginarás, acababan en el suelo. Pero pese a terminar abollando todo el menaje del hogar que llevaban, el descubrimiento que hicieron mereció la pena. Este curioso mineral, al calentarse demasiado, se convertía en un líquido transparente y brillante: fue el primer vidrio conocido y cambió decisivamente el hábitat del ser humano.

Hay muchos más ejemplos de grandes pasos de la evolución humana que acontecieron gracias a errores garrafales. El chocolate (¡qué sería de nuestro mundo sin él!) lo descubrieron los mayas al dejar caer granos de cacao en agua caliente en lugar de desecharlos. La penicilina se descubrió gracias a que Alexander Fleming dejó una placa de cultivo de bacterias abierta cerca de una ventana durante unas vacaciones: al regresar, notó que el moho del género Penicillium había contaminado la placa y alrededor de él, las bacterias no crecían. Y el pósit se inventó cuando Spencer Silver desarrollaba un adhesivo fuerte, que resultó no serlo tanto, pero sí muy útil (un colega de Spencer que buscaba un método para marcar las páginas en un libro de himnos utilizó ese «fallido» adhesivo en sus notas... y durante los siguientes años este sencillo invento se convirtió en el método preferido por muchas personas para poner un poco de orden en sus cabezas).

Sin embargo, a pesar de contar con casos como estos, seguimos dando más espacio en redes sociales y medios de comunicación a los errores que conducen no a descubrimientos, sino a fallos garrafales e incluso letales. Y, lo que es peor, creemos que la irracionalidad que lleva a esos accidentes es algo que podemos eliminar de la esencia del ser humano. Algo así como mira lo que hace este, qué torpe, a mí nunca me pasaría. Un ejemplo de esa tendencia a creer que con el tiempo los humanos llegaremos a ser completamente sensatos, es que aún se concedan los Premios Darwin. Estos irónicos trofeos se otorgan (aunque en realidad nadie vaya nunca a recogerlos) a la persona que muere de forma absurda, haciendo así «un favor genético a la especie humana», que elimina los alelos más lelos. Los «afortunados» ganadores de este trofeo no se inmolan porque tengan conciencia de ser un estorbo. En realidad mueren por un acto irracional que cometieron en un determinado momento. Por ejemplo —y sabemos que estos ejemplos dan bastante pena—, tenemos entre los premiados a un sacerdote que decidió volar en una silla propulsada por un montón de globos de helio y se perdió en el mar porque no sabía utilizar el GPS; algunos individuos perecieron por ingerir una cantidad excesiva de alcohol por vía rectal; otros sujetos recibieron una llamada de noche y en vez de coger su móvil agarraron su revólver, e incluso hay seis personas con este curioso reconocimiento que pasaron a mejor vida, una a una, bajando a un pozo para intentar rescatar a una gallina (la cual, por cierto, sobrevivió).

Pero quizá el mejor representante de la torpeza mental en la que a veces caemos los supuestos animales racionales lo encarna la persona que consiguió volar en un coche casero de propulsión a chorro. El individuo en cuestión, después de robar un cohete de combustible sólido, condujo su coche al interior del desierto. Encontró un largo tramo recto, el perfecto para su objetivo. Enganchó el cohete a su coche, cogió velocidad y encendió el dispositivo de motor a reacción que había acoplado. Al primer acelerón alcanzó los 560 km/h y voló —seguramente inconsciente— durante casi dos kilómetros y medio antes de estrellarse en la falda de una montaña y unirse a la lista Darwin.

¿Por qué se fallan (nunca mejor dicho) estos premios? Para hacernos creer a los demás que estamos por encima de esos insensatos. Nos engañamos creyendo que, si conocemos los casos, sabremos qué no hacer en el futuro y así evitaremos entrar en la lista de darwinianos. Pero aquí estamos los autores de este libro para contarte que no, que así somos —y la lista y *modus operandi* de integrantes del equipo Darwin, seguirá aumentando—. Somos seres puntualmente racionales porque la mayor parte del tiempo nuestro cerebro funciona a medio gas. «Solo hay dos cosas infinitas: el universo y la estupidez humana. Y del universo no estoy seguro», dicen que afirmó Albert Einstein. La torpeza mental no es una excepción: está presente en toda nuestra vida. Es la necesidad de creernos superiores la que nos lleva a sentirnos inmunes al error garrafal.

Para que seas consciente de que en general el cerebro va a medio gas, echemos un vistazo al primer acertijo. ¿Qué contestaste? Casi todo el mundo falla. Casi todas las personas que contestan rápidamente eligen el primer cheque, el gratuito, a pesar de que con el segundo ahorrarían más dinero (13 €, en vez de 10 €, en el primer producto que compren). A este fenómeno se le denomina en marketing: «El mágico poder de la palabra GRATIS». Nuestra necesidad de vernos dentro del grupo de la gente lista nos lleva a tomar el camino de cualquier oferta que nos haga creer que hemos sido más avispados que los demás, los «tontos» que han elegido la otra opción.

Y ahora es cuando si has contestado de forma correcta al acertijo, puedes poner en duda que realmente seamos así y nos dejemos influir tanto por cualquier propuesta que nos haga sentir por encima de la media, más listos, más afortunados, más amables y mejores líderes. Pero si piensas un poco en ello, verás que, para bien o para mal, «así somos». Los estafadores, por ejemplo, utilizan este anhelo de superioridad y no les va nada mal: todos los timos parten de que la víctima, en un momento dado, cree ser el embaucador. El atontamiento por soberbia explica también nuestra dificultad para hacer un buen «casting sentimental»: en muchas ocasiones nos pierde nuestro anhelo de demostrar a nuestro entorno que podremos con todo y que, aunque esa persona no se porte bien con nosotros, seremos capaces de cambiarla. También influye en nuestra vida laboral: nos cuesta aprender de los errores y optamos por camuflarlos para salvaguardar nuestro ego, tomando otros caminos, como culpar a los demás de nuestros fallos («Lo hubiera hecho mejor si no tuviera que haber seguido las directrices de mi jefe») o minimizarlos cuando no podemos echar balones fuera («En realidad ese cliente que he perdido no compensaba económicamente»).

Aquí va el segundo acertijo. ¿Qué responderías a estas preguntas? Recuerda hacerlo rápido. Son preguntas de responder sí o no.

¿Te someterías a una prueba en la que el porcentaje de muerte es 1 de cada 10.000?

¿Te someterías a una prueba en la que no se han registrado incidencias para 9.999 personas de cada 10.000 que participan?

El psicólogo Guy Claxton ha elaborado una teoría que habla de tres tipos de procesamiento de información, según la velocidad que requiere cada decisión. Este científico británico afirma que, cuando decimos que alguien está pensando, estamos hablando de tres actividades distintas. La primera estrategia funciona a gran velocidad (cerebro de liebre) y nos sirve para aquellas situaciones que requieren una respuesta automática. Es la que ponemos en marcha cuando realizamos hábitos tales como lavarnos los dientes, andar o conducir. Luego está el pensamiento propiamente dicho, que sirve para resolver problemas, valorar lo positivo y lo negativo de una cuestión o construir razonamientos. Se basa en la razón y en la lógica.

Por último, existe otro tipo de procesamiento que opera escondido tras el pensamiento. Este opera de manera aún más lenta y lo conocemos como la mente de tortuga. A menudo carece de un propósito muy definido. Se asocia más bien a lo ocioso, a lo lúdico, a la ensoñación. Este tipo de pensamiento implica dar vueltas a los asuntos, ser contemplativos, meditar. ¿Te suena de algo? ¿Le dedicaste un tiempo a pensar anoche sobre algo que ya pensaste la noche anterior y la anterior, antes de dormir? Se trata más de ponderar un problema que de intentar solucionarlo: para ser intuitivo es esencial no buscarlos. Este tipo de estrategia es muy útil para problemas que son demasiado complicados para las soluciones racionales lógicas, como por ejemplo la creatividad artística. Federico García Lorca lo definía así: «La hija directa de la imaginación es la metáfora nacida a veces al golpe rápido de la intuición, alumbrada por la lenta angustia del presentimiento». En asuntos literarios, musicales o pictóricos, en los que el acierto o el fallo no están claramente definidos, esta velocidad de pensamiento es la más útil.

Para asuntos pragmáticos, como puede ser la decisión que te planteamos en la pregunta anterior, usar el cerebro de liebre, la intuición rápida, puede ser una mala estrategia. Una de las razones es que el pensamiento intuitivo suele guiarse más por la forma que por el fondo. El formato en que se plantean las preguntas puede guiar nuestras emociones (y por lo tanto nuestros presentimientos) en un sentido o en otro. Cuando la cuestión de la prueba médica exige una respuesta rápida, muchas personas dicen que sí a la segunda opción y que no a la primera, a pesar de ser equivalentes.

Si no nos tomamos nuestro tiempo para pensar, acabamos por ceñirnos al marco que nos ofrecen. Un ejemplo son las decisiones amorosas: si nuestra pareja nos hace chantaje emocional («O las cosas son así o esto se acaba»), aceptamos el «marco» que nos han impuesto sin buscar una tercera opción. Nuestra falta de tolerancia a la incertidumbre nos lleva a querer decidir rápidamente, utilizando nuestro cerebro de liebre, que olvida con frecuencia que a veces la mejor respuesta es replantear la pregunta.

Vamos a por otro y con este ya van tres.
Este es un sencillo acertijo propuesto por Daniel Kahneman: «Un bate y una bola juntos cuestan 1,10 euros. El bate cuesta un euro más que la bola. ¿Cuánto cuesta la bola?».

En esta ocasión no solo queremos que tú nos des una respuesta rápida. Nosotros también te la vamos a dar.

La respuesta intuitiva errónea que mucha gente da es 0,10 euros. Podría parecer lógico pensar que, si el bate cuesta un euro más, entonces la bola debe costar 0,10 euros y el bate 1. Pero la respuesta correcta es que la primera cuesta 0,05 euros y el segundo 1,05 euros.

Este acertijo, propuesto por Daniel Kahneman en su libro *Pensar rápido, pensar despacio*, demuestra una tendencia común a caer en intuiciones incorrectas debido a sesgos cognitivos. Según este autor, la respuesta errónea de 0,10 euros revela que actuamos de acuerdo con el sesgo de disponibilidad, es decir, buscamos la respuesta que primero nos viene a la cabeza, la más accesible, sin analizar la situación más detenidamente. Ignoramos uno de los datos (la suma debe ser igual a 1,10 euros) porque utilizamos técnicas de «pensamiento rápido» —que funcionan por intuición, sin tener en cuenta todas las restricciones de un problema—. La solución pasaría por «pensar más despacio».

Este acertijo muestra cómo nuestros sesgos cognitivos pueden llevarnos a tomar decisiones irracionales, a responder de manera incorrecta a situaciones simples. Kahneman nos enseña que nuestras intuiciones pueden ser engañosas y que es importante cuestionar nuestros juicios automáticos y pensar de forma más analítica y reflexiva para evitar «meter la pata» en nuestras decisiones del día a día.

¿En qué momentos de la vida cotidiana caemos en este tipo de errores de velocidad? Uno de los factores que nos lleva a acelerar nuestro pensamiento por encima de la velocidad permitida es nuestra necesidad de deseabilidad social. Nos gusta que nuestras decisiones resulten atractivas para aquellas personas que nos interesan. Para conseguirlo, vestimos de forma similar, oímos música parecida y tenemos opiniones semejantes a nuestro grupo de referencia.

Un error cognitivo que ejemplifica esto es el falso consenso: solemos creer que nuestras ideas y decisiones son las comunes, las que defiende la mayoría de nuestro grupo de iguales y las más apropiadas. Basta echar un vistazo a tu entorno para encontrarte con este sesgo. ¿Te has cruzado hoy con personas pesimistas que piensan que todo el mundo ve la vida tan negra como ellas? ¿Y con tu amiga o amigo optimista que no entiende cómo no puedes ver el vaso medio lleno siempre? ¿Has conversado con un compañero del trabajo que se vanagloria de defraudar a Hacienda y piensa que su infracción la hace «todo el mundo»? Las consecuencias de este sesgo en nuestra vida son patentes, por ejemplo, cuando hablamos de política. En gran parte, los errores cognitivos a los que nos lleva el fanatismo por unas siglas son explicables por esa tendencia a creer que «Casi-Todo-El-Mundo-Piensa-Como-Yo» sobre muchos temas. Pero no. Si todo el mundo pensara como tú, el partido al que votas tendría una representación mayor. ¿No crees?

Un último acertijo. ¿Te atreves con él?

Imagínate que tienes un mazo de cartas. Cada una de ellas tiene un número en una cara y una letra en la otra. Una amiga coge el mazo y coloca cuatro cartas sobre la mesa. Te mira y te dice que las ha situado siguiendo una regla, y es que «las cartas que tienen una vocal en una cara tienen un número par en la otra». Después te propone un reto. Te dice: «¿Cuántas cartas necesitas dar la vuelta para verificar que no te estoy mintiendo? ¿A cuál o cuáles de estas cartas deberías dar la vuelta como mínimo?».

Este pequeño experimento mental es uno de los propuestos por el psicólogo cognitivo Peter Watson. Sabemos que le has dado ya un par de vueltas al asunto, así que permítenos darte una pista antes de continuar. No basta con examinar una sola carta para obtener la solución.

¿Necesitas otra pista? Déjanos compartir contigo el gran aprendizaje que Watson extrajo de este experimento: la mayoría de las personas tendemos a elegir cartas que confirmen la regla que nos propone nuestra amiga, en lugar de aquellas que la invalidan.

Por ejemplo, muchas personas suelen elegir la primera carta, la que tiene un 2, aunque en realidad no sirva para nada: si al otro lado hay una vocal, solo confirmaría que «a veces, detrás de una vocal hay un número par», pero no nos sacaría de dudas.

Otras deciden voltear la segunda carta, la que tiene la A, para ver si hay un número par en el otro lado. Es una decisión correcta, pero no suficiente.

Casi nadie se decanta por la tercera carta, parecería que quisiéramos evitar comprobar que el enunciado que nos dio nuestra amiga es falso.

> ¿Cuál es la solución correcta? Si has pensado en levantar la segunda carta, ibas por buen camino. Pero deberías sumarle una más, la tercera. Con esas dos cartas sabrás si te puedes fiar de tu amiga o no.

Julio César afirmó: «Por lo general, los hombres creen fácilmente lo que desean». Este experimento muestra cómo tendemos a buscar información que respalde nuestras hipótesis preexistentes y a pasar por alto la evidencia que podría refutarlas. Preferimos confirmar que invalidar. Es más cómodo y requiere menos energía mental.

Por eso insistimos en buscar pruebas que confirmen nuestras ideas, para no tener que revisar continuamente nuestros juicios y decisiones. Pocas veces atendemos a los hechos que las ponen en entredicho. Y así, los seres humanos mantenemos ídolos, aunque los datos los desmitifiquen, creemos bulos infundados porque confirman nuestros sentimientos viscerales... y mantenemos que nuestro equipo es el mejor, aunque lleve cinco partidos sin ganar (ya sabes, ha sido por los árbitros).

Tristemente, los sesgos de confirmación no solo afectan a nuestra vida más o menos sencilla, estas formas de procesamiento de la información, que en ocasiones nos llevan a cometer errores, están detrás de algunos grandes desastres de la humanidad de este último siglo. La Junta de Investigación del Accidente de Columbia —la terrible explosión que llevó en 2003 al transbordador espacial a desintegrarse pocos segundos después del despegue— mencionó la «tendencia a la autoconfirmación» para explicar por qué los responsables del programa de la lanzadera espacial de la NASA no impidieron su despegue, pese a las señales que así lo aconsejaban.

El psicólogo Peter Watson ha realizado muchas investigaciones, además de la de las cartas, que demuestran la presencia de este sesgo en nuestras vidas. Pero hay muchos más.

Si nos ponemos a buscar más heurísticos —atajos mentales que cogemos para tomar decisiones rápidas— que fallan, la lista puede dar para otro libro. Citemos algunos. Por ejemplo, un error de pensamiento que conocemos como «correlación ilusoria». Ha sido estudiada por científicos como la psicóloga Susan Blackmore y podríamos definirla como la tendencia a creer que ciertos acontecimientos suceden siempre conjuntamente (y uno es la causa del otro), porque en una ocasión significativa esos eventos sucedieron a la vez. Si llevamos cierto bolígrafo a un examen difícil y la prueba nos sale muy bien, es fácil que acabe convirtiéndose en nuestro «boli de la suerte» y minimicemos los casos en los que no ha funcionado la magia. De la misma forma, si tomamos una infusión y al día siguiente nuestro catarro remite, creeremos que la curación ha sido debida a las hierbas en cuestión y no a la remisión espontánea. O, cuestiones más graves: cuando los medios de comunicación nos recuerdan la nacionalidad de un delincuente —algo que no se hace cuando «es de aquí»—, dan pie a que nuestra mente convierta la casualidad (era extranjero y ha cometido un delito) en causalidad (ha cometido un delito porque era extranjero). El racismo (al igual que el sexismo, la homofobia y otras injusticias sociales) tiene su origen en este mecanismo. Aunque de esto ya hablamos en el primer capítulo del libro.

¿A que asusta pensar en la de errores que cometemos por no pensar suficiente? Pues hay más. Bernard Shaw nos advertía que «La osadía de los tontos es ilimitada, y su capacidad para arrastrar a las masas, insuperable». A veces es inevitable pensar, al igual que lo hacen los que otorgan los Premios Darwin, que nuestro mayor problema como especie es la irracionalidad y que acabar con ella sería bueno para el ser humano. Otro de los científicos que abogan por esa idea es Keith Stanovich. A este psicólogo le asombró que la educación posterior a la primaria no mejora la capacidad de razonamiento del alumnado: los estudiantes cometen errores lógicos dignos de niños de cinco años.

Este investigador etiquetó como «síndrome de disracionalidad» a todo el conjunto de decisiones precipitadas (sin esperar a tener todos los datos), deslavazadas (carentes de un orden), rígidas (negándose a explorar puntos de vista alternativos) y difusas (demasiado imprecisas) que tomaban los estudiantes ante determinados problemas lógicos. Para explicar los malos planteamientos que aparecían en los experimentos, Stanovich argumentaba que los estudiantes sabían razonar, sí, pero cuando se estresaban y ofuscan, dejaban de usar esa capacidad superior y tomaban el camino fácil (y en ocasiones erróneo).

Según este investigador, funcionamos con tres «tipos» de mente. La primera («modo tonto») es la autónoma, que usa una gran cantidad de atajos para solucionar los problemas. La segunda («modo listo») es la algorítmica, más lenta, más trabajosa, pero también más lógica (esa sería la que miden los test de inteligencia). La tercera («modo interruptor») es la que decidiría cuándo un problema merece ser tratado desde la mente reflexiva o cuándo tiene poca importancia y puede ser solucionado por la autónoma. La lógica, para autores como Stanovich, es la mejor estrategia y siempre está a punto para ser usada, pero por economía mental no se utiliza en todas las ocasiones de la vida. Aprender ciertos hábitos de pensamiento racional (por ejemplo, analizar siempre la alternativa contraria a nuestra primera intuición) nos ayudaría a aplicar más a menudo la estrategia racional y así evitar caer en muchos errores.

Suena sensato, ¿verdad? Parecería que siempre funcionamos mejor cuando somos analíticos y actuamos en el «modo listo», pero Noel Clarasó advertía: «Ningún tonto se queja de serlo, así que no les debe de ir tan mal». En ciertas ocasiones, funcionar en «modo tonto» es útil por una cuestión de economía mental. Si cada vez que buscamos un lugar público para usar su baño, analizáramos las posibles alternativas y las sopesáramos sosegadamente, nuestra vida (y vejiga) colapsaría y no llegaríamos a tiempo.

En otros casos, el «modo interruptor» sabe que es mejor adaptarse a la visión de los demás y no cuestionar a los que nos rodean. En esas ocasiones nos ponemos en «modo tonto», siguiendo el consejo dado hace dos mil años por el poeta latino Horacio: «A tu prudencia añádele un poco de idiotez: en algunos momentos es mejor hacerse el idiota».

De hecho, hay áreas importantes de la vida actual en las cuales el abordaje sensato no parece más eficaz que la simple irracionalidad. Un ejemplo es el mundo de la bolsa: miles de economistas aseguran tener un método infalible para optimizar las posibilidades de conseguir ganancias. Pero, a la vez, cientos de experimentos demuestran que esa estrategia basada en la razón obtiene los mismos resultados que el puro azar. Una de estas pruebas fue dirigida por el psicólogo Richard Wiseman. Se trataba de ofrecer a tres personas (una astróloga, un experto en bolsa y una niña de cuatro años) cinco mil libras para invertir en acciones. Se les propuso que cada uno utilizara su estrategia preferida durante una semana para medir después sus logros. Y así lo hicieron: el analista utilizó estrategias habituales en el mercado de valores, la adivina optó por arriesgar su dinero en tecnologías porque la conjunción entre Júpiter y Neptuno iba a jugar a su favor y la niña pidió ayuda a sus muñecos. Al final del experimento, se evaluaron los resultados. Todos los participantes habían perdido dinero —como era de esperar—, pero había diferencias: la astróloga tenía un déficit de 294 libras; el experto en el mercado de valores, de 178, y la niña, de solo 11.

Hay otras muchas investigaciones actuales que cuestionan la utilidad de la racionalidad en algunos ámbitos. Los psicólogos Shelly Taylor y Jonathan Brown demostraron en sus investigaciones que un cierto nivel de autoengaño acerca de nuestras probabilidades de éxito nos hace más felices (las personas depresivas son más realistas... lo cual actúa en su contra de cara a encontrar argumentos para sentirse más afortunados). Y los investigadores Alessandro Pluchino, Andrea Rapisarda y Cesare Garofalo recibieron en el año 2010 el premio IG Nobel (otros premios que se otorgan con mucho humor) por una irónica investigación en la que demostraban que las organizaciones consiguen mayor eficiencia otorgando ascensos a sus empleados de forma aleatoria. Los jefes que se elegían al azar resultaban ser mejores que los que reunían supuestos méritos. Como ves, en muchas áreas de la vida no es fácil demostrar que la racionalidad sea la mejor estrategia...

El sentido común nos dice que hay muchas ocasiones en que no podemos poner en marcha el «modo listo». Un ejemplo: las decisiones emocionales. Solemos decidir si dejamos o no a nuestra pareja por una canción que hemos escuchado o por un recuerdo que nos ha asaltado. No podemos barajar todas las opciones (¿cómo fabricar un algoritmo que integre los miles de posibilidades de nuestro futuro tras la decisión?) ni recopilar datos objetivos (solo disponemos de las sensaciones subjetivas). Y es mejor resolver por intuición que paralizarnos vitalmente.

Como ves, aunque a veces nos creemos seres muy sesudos, evolucionados y racionales, somos también irracionales y por defecto vamos en «modo tonto» por la vida.

EXTRA
EXTRA
UNA PREGUNTA PARA LOS AUTORES

¿Cómo hacéis para estar en «modo interruptor» y saber cuándo activar el «modo listo» y cuando seguir en «modo tonto»?

Molo

De entrada, te puedo asegurar algo: no es fácil. Mira, para una de las asignaturas de la carrera tuve que hacer un experimento que ya conoces: «La tarea de selección de Watson» —la de las cartas que hemos traído aquí— a ocho personas. Cuando les pregunté inicialmente, nadie me dio la respuesta correcta. Cuando les di una pista, solo una de las ocho personas acertó. Eran personas como tú y como yo. Algunas más listas y otras del montón. Todas caían en errores. Los veía pensar, mirar las cartas. Se cansaban. Nuestro cerebro usa nuestra memoria operativa para enfrentarse a los nuevos problemas, y esta es limitada y gasta mucha energía. Por eso, al rato tiraban de heurísticos, de esos esquemas mentales que a veces fallan, de esos «trucos» para tomar decisiones sin trabajar en exceso. Cuando ya no tenían ganas de seguir, daban el problema por solucionado y finalizado, aunque de forma errónea. Después, cuando les decía que habían fallado, reíamos y hablábamos. Les conté cuál era la respuesta correcta y el objetivo del experimento, que no era otro que comprobar que tendemos al sesgo de confirmación. En general, se interesaban más sobre el tema. Hablábamos sobre sesgos, tal y como acabamos de hacer tú y nosotros en las líneas de este capítulo, y pensábamos en otras ocasiones donde el «modo tonto» nos había jugado malas pasadas. Y con esa información nos hacíamos una promesa: la de estar más atentos la próxima vez. Así que, aunque seguramente nuestra tendencia natural nos lleve a cometer fallos, puede que, tras leer este capítulo, la próxima vez que te enfrentes a un problema complejo, actives el modo lento, abras más los ojos, amplíes el foco y optes, ¡ojalá!, por la respuesta correcta. Contestando a tu pregunta: somos imperfectos, cometemos errores, es fácil manipularnos si la persona que nos lanza el problema conoce la «lógica» que aplicamos a nuestro razonamiento. Pero leer y hablar sobre sesgos, saber que están ahí y que muchas veces vamos a caer en ellos es una buena vacuna para aprender a activar en más ocasiones el «modo listo».

Yo ya tengo unos cuantos años. Así que creo que me voy conociendo, poco a poco, haciéndome amigo de mí mismo, con mis puntos fuertes y mis debilidades. Por eso creo saber cuándo funciona aceptablemente mi «modo interruptor» y en qué situaciones se le suelen cruzar los cables.

Creo que soy medianamente sagaz en situaciones de manipulación. No es fácil, por ejemplo, meterme prisa para que tome una decisión rápida. Sé que es una de las estrategias de persuasión preferidas por los embaucadores: intentar imponerme una velocidad de resolución que no es la mía. Así que, en situaciones en las que me piden que decida ya, mi «modo interruptor» se activa y me pongo en «modo listo»: resuelvo con calma, buscando dónde está la trampa. Me pasa lo mismo cuando me intentan hacer chantajes emocionales, en situaciones grupales en las que todos ven algo de color de rosa y tratan de imponerme esa visión o en momentos de tensión en los que lo más fácil es ser sumiso: mi «modo interruptor» no se deja llevar. Y casi siempre decide que, si hay presión externa, es mejor resolver desde el «modo listo».

Sin embargo, tengo una excesiva facilidad para engañarme a mí mismo. Hay muchas situaciones en las que me convierto en mi peor enemigo.

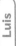

Cuando tengo que pensar en asuntos que me generan responsabilidades que no me apetece asumir, cuando hay sentimientos involucrados que quiero evitar o cuando lo mejor para mí sería hacer algo rápidamente, mi «modo interruptor» se desconecta a menudo. Muchas veces tomo decisiones en esos momentos en «modo tonto», aunque no sea el adecuado. Y así me va. Estoy trabajando en ello: en el próximo libro te cuento si he conseguido mejorarlo.

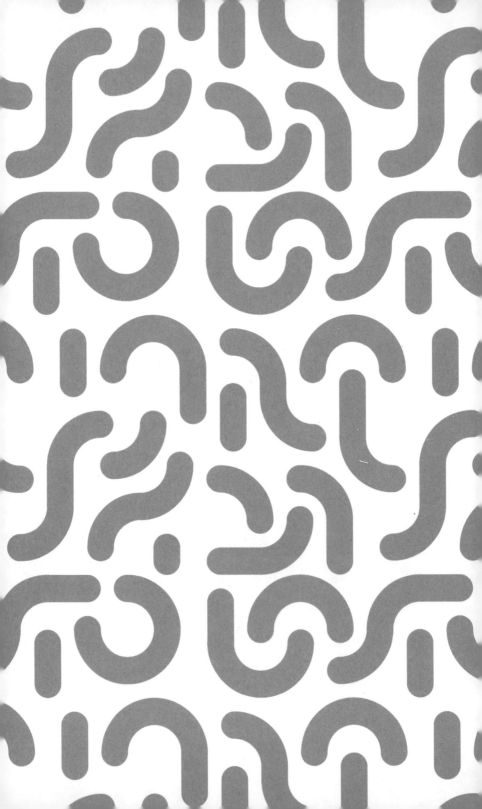

CAPÍTULO 8

Somos
rebaño

> Comenzamos con un chiste de psicólogos:
> ¿Cuántos terapeutas se necesitan para cambiar una bombilla?

L a respuesta es sencilla: uno, siempre que la bombilla quiera cambiar...

El chiste es viejo y no muy gracioso, pero tal vez te sirva para entrar en el estado de ánimo apropiado para empezar a leer este capítulo. Porque, aunque hablaremos con seriedad de nuestra necesidad de pertenencia al grupo, lo vamos a hacer riéndonos. Y no poco, sino mucho. ¿Te suena la epidemia de la risa de Tanganica?

Hablemos de ella. Comenzó en enero de 1962 en la aldea de Kashasha, cerca del lago Victoria, en lo que entonces era Tanganica (hoy Tanzania). Se inició en un lugar donde las carcajadas a destiempo no estaban muy bien vistas: una escuela misionera para niñas. Allí, tres alumnas empezaron un buen día a reírse descontroladamente. Hasta ahí, todo bien. Tal vez viviste algún episodio similar en alguna clase en tus tiempos de colegio. Pero ese no fue el final de este histórico incidente, ni mucho menos. Poco a poco, el fenómeno se contagió a toda la clase. Y luego a las contiguas. En un par de semanas, casi todas las chicas de la institución estaban «infectadas» por el «virus de la risa». Se produjo un efecto dominó que no paraba. Se había extendido de tal forma que dar clase en esas aulas se convirtió en una tarea imposible: cada vez que una profesora empezaba a hablar, alguna alumna reía y todas las demás la seguían sin poder controlarse. Imagina cómo debió de ser para que este hecho se hiciera famoso, quedara recogido en las hemerotecas y ahora te lo estemos contando.

¿Qué pasó cuando todas las clases parecían grupos de risoterapia? Pues que el virus buscó nuevos espacios donde expandirse. ¡Las carcajadas empezaron a extenderse también fuera de las aulas! En el comedor, por ejemplo, si entre plato y plato —generalmente aderezado con curry— alguien soltaba una leve carcajada, al poco tiempo el resto de los comensales dejaban de comer y empezaba a reír (porque hacer ambas cosas a la vez resulta imposible). En los recreos, las profesoras del internado observaban que las alumnas más que jugar para entretenerse, jugaban a reírse aún más.

Lo más curioso (y lo más inquietante) era que las explosiones de risas surgían sin una razón aparente. No, no había ninguna humorista de éxito entre ellas. Las chicas reían como si un duende las hubiera poseído y las obligara a permanecer en un estado de hilaridad perpetua. ¿Qué estaba ocurriendo?

A medida que pasaban los días, las carcajadas se propagaron rápidamente a otras escuelas vecinas. Algunos profesores y médicos decidieron tomárselo en serio. Tras analizar toda la información que manejaban, llegaron a la conclusión de que debían abordar la epidemia con un enfoque diferente. «Ya que ni con castigos ni amenazas podemos evitar las carcajadas, organicemos sesiones de risa continuada, hasta que se cansen», pensaron. Y así lo hicieron. No sirvió de nada: incluso las maestras y el resto de personal escolar acabaron «afectados». Todo terminó con el cierre temporal de varias instituciones educativas en la zona. La noticia de la epidemia se difundió a nivel nacional e incluso internacional, lo que generó preocupación y curiosidad en todo el mundo. Médicos, investigadores y periodistas acudieron a la región para averiguar qué estaba pasando. Se propusieron diversas teorías para explicar el brote, como el envenenamiento por alimentos, infecciones víricas o bacterianas, o incluso influencias psicológicas y culturales.

Se siguieron probando más técnicas novedosas para frenar la propagación de la risa, incluso se trasladó a algunas estudiantes (las más risueñas) lejos de sus compañeras de clase. Con el tiempo, la epidemia comenzó a disminuir hasta detenerse en 1963, pero no sin dejar secuelas en la comunidad. De hecho, muchas de las personas afectadas continuaron experimentando episodios de risa incontrolable durante varios años más.

> Hacemos una pausa en medio de este episodio y te proponemos una variación del chiste anterior: ¿Cuántos narcisistas se necesitan para cambiar una bombilla?

A pesar de numerosos esfuerzos para encontrar una causa específica, nunca se pudo identificar una explicación concluyente para la epidemia de la risa de Tanganica. De hecho, hallamos más información sobre el brote en manuales que recogen episodios históricos no de risa, sino de histeria colectiva. Estos fenómenos —los de histeria colectiva— se producen siempre en momentos de estrés social. Las también llamadas psicogénesis masivas se dan en épocas en las que la sociedad atraviesa momentos de incertidumbre. Tanganica en 1962 era un país turbulento, acababa de independizarse del Reino Unido y, a consecuencia de ello, estaba experimentando cambios culturales radicales. ¿Sería ese particular momento histórico el desencadenante de los ataques de risa?

Algo parecido ocurrió en Europa en el siglo XIV, durante la epidemia de la peste negra. Te hablamos de la llamada «plaga danza». En esos años se registraron encuentros de personas que se reunían en grandes grupos y comenzaban a bailar de forma frenética, sin detenerse hasta que colapsaban de agotamiento o incluso morían. Una especie de *rave* muy salvaje de la Edad Media. Estos episodios eran vistos como una respuesta desesperada de los participantes frente a la incertidumbre de no saber si al día siguiente seguirían vivos.

En momentos difíciles, el grupo se une a través de manifestaciones físicas que se van viralizando entre el colectivo. A lo largo de la historia ha habido epidemias psicogénicas muy distintas. Pero quizá lo más llamativo del fenómeno de Tanganica es que la risa fuera la protagonista, el nexo del grupo.

Vamos avanzando y dejando claro con ejemplos como estos que somos seres sociales y «contagiables», no solo por virus físicos sino también psicológicos.

Volviendo a la risa, ¿charlamos un poco sobre el sentido del humor? Empecemos por contar que tiene muchas funciones sociales. Sirve, por ejemplo, para salir de la circularidad con que abordamos ciertos temas. A veces, en las grandes cuestiones vitales, nuestros *pensamientos serios y meditados* solo sirven para dar vueltas en círculo que no nos llevan a ningún lado. Repetimos lo mismo una y otra vez. Nos sabemos de memoria el discurso que siempre repetimos. Reír, reírnos de nosotros, nos permite alterar ese discurso y verlo desde otra perspectiva. Un chiste sobre jefes de departamento (como el de la empresa donde trabajas), de partidos políticos (como el que votas) o de relaciones de pareja (tal vez como la tuya si ahora estás inmerso o inmersa en una) podría servirte para ver un lado que hasta este momento no había pasado por tu cabeza. Podríamos decir que tratar los problemas a golpes de carcajadas los ablanda. Y eso nos permite percibirlos con más lucidez: la risa nos ayuda a ver las opciones que se salen del pensamiento circular.

Por otra parte, usar el humor cambia nuestro estado de ánimo. Nos pone en una condición más propicia para afrontar las dificultades. Nos aleja de la cara triste, consecuencia generalmente de la melancolía que nos produce pensar en la situación problemática, más que en formas hilarantes de afrontarla —las cuales resultan efectivas en más ocasiones de las que puedas imaginar.

Y además el sentido del humor puede servir, en situaciones de estrés colectivo, para unificar a un grupo. La risa es contagiosa (por eso, durante mucho tiempo, se usaron las «carcajadas enlatadas» en los programas de televisión). Quizá a las niñas de Tanganica les fue más fácil reírse juntas para unirse en un momento difícil.

Como ves, el humor tiene una cara muy interesante que suele pasar desapercibida a nuestros razonamientos sesudos: la lucidez. Es útil para mirar la realidad desde prismas diferentes e incluso con más profundidad.

Por cierto, no nos hemos olvidado del segundo de los chistes malos que estamos compartiendo contigo en este capítulo. ¿Cuál es la respuesta a la pregunta de cuántos narcisistas se necesitan para cambiar una bombilla? Solo uno. Porque basta dejar quieto al narcisista mientras el mundo gira a su alrededor.

Como ves, no hay nada más revelador que el sentido del humor. Y por eso los manipuladores, los fanáticos religiosos y los dictadores suelen odiarlo. Y, si pueden, lo prohíben.

Lo más llamativo de la epidemia de la risa de Tanganica es que se propagaron carcajadas en vez de baile, gestos extraños o desmayos, que han sido los síntomas psicosomáticos con más éxito viral a lo largo de la historia. Pero en lo fundamental fue muy similar a otras epidemias psíquicas: se trató de una forma de unión colectiva iniciada y protagonizada, sobre todo, por adolescentes. ¿Ahondamos un poco más en el tema de que somos seres sociales y... más aún en nuestra adolescencia? ¡Vamos allá!

Tenemos claro que la necesidad de pertenencia es una de las motivaciones básicas del ser humano. Queremos que nos quieran —sentirnos queridos por los demás refuerza nuestra autoestima— y por eso intentamos, en mayor o menor medida, agradar a los demás. Es una conducta adaptativa: durante miles y miles de años, los vínculos sociales contribuyeron al aumento de la tasa de supervivencia.

En condiciones duras (y te recordamos que esas son las que se dan en los momentos de histeria colectiva) ser aceptado socialmente es indispensable para sobrevivir.

Y la adolescencia es la etapa más gregaria del ser humano, cuando más nos gusta estar en rebaño. Los fenómenos virales del estilo de los que te hemos comentado, casi siempre se inician entre personas que están atravesando esa etapa vital. Aunque hoy vivamos en sociedades progresivamente individualistas en las que no parece tan importante contentar a la mayoría, en las que se puede ser más autónomo y no depender tanto de la opinión de los otros, en la juventud ser parte de un grupo e imitar el comportamiento de los demás es decisivo.

Si ya has pasado de los veinte, puede que acabes de cometer el error de pensar que ya a ti eso no te va a pasar. Que es cosa de chiquillos. Pero no. Los adultos tampoco nos libramos. Bastaría con autoanalizarnos durante un día cualquiera para darnos cuenta de que la necesidad de pertenencia colorea la mayoría de nuestros actos, pensamientos y sentimientos. Nos vestimos de forma similar a las personas que queremos que nos acepten, ocultamos muchas de las cosas que pensamos para no herir a gente a la que apreciamos o a la que no queremos caerle mal, autocontrolamos cierto tipo de emociones que no están bien vistas (ira, envidia, codicia...) y actuamos a veces en contra de nuestra ética personal por no resultar desagradables a quienes nos rodean. ¡Nos gusta quedar bien con la persona de al lado!

Hay muchas razones evolutivas para esa necesidad de rebaño. Muchas investigaciones hablan de lo beneficioso que puede resultar la tendencia a ser parte de un grupo, de una pareja o de una familia. El psicólogo Mark Leary, por ejemplo, muestra en sus experimentos que, como te apuntábamos antes, nuestra autoestima es, en gran medida, producto de cómo nos sentimos valorados por los demás. Por eso, según este investigador, gran parte de nuestros actos tienen como fin aumentar nuestra inclusión social. Y ese esfuerzo por conseguir la aceptación del prójimo hace que «nos mejoremos a nosotros mismos»: no solo maquillamos nuestra apariencia para que no se noten nuestras carencias, sino que también damos lo mejor de nosotros, el 110 % si es posible, para presumir de nuestras virtudes.

Un ejemplo clásico de este efecto de mejora al que puede llevar la necesidad de cumplir las expectativas de los que nos rodean nos lo deja el mundo del deporte. Las grandes marcas, los récords mundiales, se obtienen ante estadios llenos, no en la soledad de los entrenamientos previos. Los atletas corren más y dan lo mejor de sí mismos, no solo para ganar, sino también para no decepcionar a los miles de seguidores que abarrotan un estadio. Si eres corredor amateur, puede que hayas sentido algo parecido y tus mejores marcas hayan sido en competiciones populares donde tus familiares, amigos y compañeros de entrenamientos te esperaban en la meta. ¿Acertamos?

Recapitulando hasta ahora: somos rebaño, nos afecta el entorno y por eso buscamos que nos valoren de forma positiva. Pero esto no es todo. Los investigadores han dado a conocer más ventajas que nos aporta el contar con una red de apoyo emocional y tienen que ver con nuestra salud. Déjanos contarte una historia.

El 5 de abril de 1976 la prensa informó de la muerte de Howard Hughes. Aviador, director de cine e ingeniero autodidacta, este empresario multimillonario había desaparecido completamente de la vida pública en sus últimos años. Había pasado su última década vital como un ermitaño, desnudo y acosado por el miedo a los gérmenes que toda su vida padeció. La ansiedad que lo asaltaba era tan grande que se recluía y separaba de los seres humanos, e incluso obligaba a los pocos ayudantes a los que permitía acercarse algo más que al resto, a que se sometieran a complicados ritos de lavado y desinfección. La prensa de la época difundió que el FBI tuvo que reconocerlo mediante huellas dactilares: quienes habían compartido amistad con él en el pasado no hubieran podido identificar aquel cuerpo barbudo y con largas uñas consumido por años de desconexión autoinfligida. Su soledad final fue tan completa que hoy en día, después de que cientos de biógrafos hayan investigado sobre su figura, a ciencia cierta aún se sabe poco o nada sobre su etapa final. ¿Su alejamiento de los demás contribuyó a su deterioro? ¿Alejarnos del grupo nos enferma?

La relación entre aislamiento social y agravamiento de las enfermedades forma parte ya del imaginario colectivo. Son innumerables los ejemplos de personajes famosos que han sucumbido a problemas de salud, al faltarles el cuidado de seres queridos. Solo fijándonos en el mundo de la música pueden venirnos nombres como Janis Joplin o Michael Jackson. ¿Se te ocurre alguno más? Seguro que sí. Sin duda te vienen a la mente más figuras conocidas, fallecidas en soledad y con graves problemas de salud. La vulnerabilidad física y psicológica que produce la separación involuntaria de los demás es innegable. Concepción Arenal la describió así: «Un hombre aislado se siente débil. Y lo es».

Un ejemplo más: varios estudios han encontrado correlación entre la desconexión social y el riesgo de padecer enfermedades cardiovasculares. Una investigación de la Escuela Pública de Medicina de la Universidad de Harvard encontró que los hombres con pocas relaciones sociales tienen más riesgo de padecer enfermedades cardiacas. Por otro lado, investigadores de la Universidad de Wisconsin y del King's College de Londres encontraron que los jóvenes solitarios acababan convirtiéndose en adultos físicamente insanos. El famoso poema de Antonio Machado («Poned atención: un corazón solitario no es un corazón») parece tener bases fisiológicas.

Otros científicos han hallado, también, relación entre los mecanismos de la sensación de aislamiento y los del dolor. La neuropsicóloga Naomi Eisenberger es una de las figuras más representativas de estas investigaciones. Esta profesora de Psicología Social en la UCLA ha encontrado en sus experimentos que la sensación de ser excluido desencadena la activación de las mismas regiones del cerebro que el dolor físico. La soledad duele.

¿Qué te parece si ahora, en vez de poner el foco en las consecuencias negativas que acarrea el vivir en un entorno sin relaciones sociales que valgan la pena, pasamos a hablar de cuando sí las tenemos? Además de mejorar nuestra salud física, también se ha comprobado que las relaciones buenas y significativas acarrean efectos positivos en el ámbito laboral. Las personas con más motivación de pertenencia a una empresa, por ejemplo, funcionan muy bien en ámbitos donde el *networking* (establecimiento de redes de contacto) es esencial. Se ha comprobado asimismo que los equipos de trabajo donde existe un buen clima laboral se animan a afrontar retos a los que no se hubieran atrevido sus integrantes de forma individual. El ser humano vence el miedo, sobre todo, en grupo.

Por eso no es de extrañar que, para algunas personas, la tendencia a sentirse parte de un colectivo sea uno de sus mayores motores vitales. Su característica esencial es su elevada motivación de afiliación. Su vida mejora, mejorando las de los demás. ¿Eres una de ellas?

ENTRE EL «KODOKUSHI»

Y EL «JOUHATSU»

Kodokushi es una palabra japonesa que apareció en los años setenta y que no te va a dejar indiferente. Cuando una lengua tiene un término específico en su diccionario para definir una situación concreta, significa que ya hace tiempo que esa realidad se ha convertido en habitual. Y en este caso hablamos de una palabra cuyo significado no te va a sonar nada bien: la muerte en soledad. Algunos psicólogos atribuyen el *kodokushi* al refugio que muchas personas encuentran en la soledad, frente al estrés de la vida diaria. El miedo a vivir situaciones estresantes las lleva a no vivir y morir aisladas, solas, sin seres queridos que las llamen para preguntarles qué tal están.

Las empresas de mudanzas han encontrado como gran negocio el retirar las pertenencias de los fallecidos en soledad. Entre sus clientes habituales también figuran aquellas personas que hacen *jouhatsu*, otra palabra japonesa curiosa. Significa «evaporarse», pero además se usa para categorizar a quienes se esfuman de su entorno, lo abandonan sin dejar rastro, tal vez para desconectar con sus vínculos sociales que tanto los estresan.

Nos hemos puesto un poco serios, pero no es nuestra idea seguir por ese camino, así que volvamos al estado de ánimo que habíamos alcanzado al principio del capítulo. En esas páginas hablábamos de risas y ahora te vamos a contar una de esas investigaciones que, además de enseñarnos algo útil, nos dibuja una sonrisa en la cara. El protagonista del estudio en cuestión es un ratoncito de la pradera, un *Microtus ochrogaster* según la terminología científica. La investigación partía de un dato curioso: menos del 5 % de los mamíferos forman familias más o menos estables, compuestas de padres e hijos. Los ratones de la pradera están dentro de esa minoría de animales familiares. Los *Microtus ochrogaster*, después de encontrar pareja, se «enamoran» y tratan de mantener el vínculo para siempre. Cuidan la relación con su ratoncito o ratoncita mientras echan un ojo a las crías en feliz armonía. Crean uno de esos vínculos que muchos desean encontrar (o al menos así lo dicen en sus perfiles de Tinder). Pero estos bichos tan modositos, como suele ocurrir, tienen unos primos cercanos cuyo objetivo en la vida es hacer la mayor cantidad de *matches* posibles (siguiendo con el argot tinderiano). Son los ratones de pantano, *Microtus pennsylvanicus*: los familiares golfos. Estaban más que contentos por no pertenecer al 5 % de seres vivos fieles... hasta que unos investigadores decidieron contar con sus servicios.

Según el artículo que publicaron en la revista *Nature*, los científicos «aguafiestas» partían de la hipótesis de que el responsable del comportamiento monógamo de los animales fieles era un neuropéptido llamado vasopresina, que sirve para muchas cosas. Como hormona, por ejemplo, nos hace retener líquidos (si está alta, es probable que no vayas al baño) y como neurotransmisor la encontramos, entre otros espacios sinápticos, en los colindantes a la amígdala (esa famosa estructura subcortical que se activa cuando tienes miedo). Como ves, cumple muchas funciones, y aún no conocemos todas las que realiza. Los ratones de la pradera, los amorosos, tienen una gran cantidad de receptores de esta sustancia en algunas partes de su cerebro, y sus primos del pantano, no. ¡Pero se los implantaron! ¿Qué crees que ocurrió? Pues que los científicos ganaron la partida. Comprobaron que su hipótesis era veraz. A los ratoncitos del pantano se les pasaron las ganas de salir a ligar cada noche y comenzaron a hacer planes de boda con sus nuevas y, desde ese momento (gracias a la vasopresina), definitivas parejas estables.

¿Qué le hace a este péptido ser tan vital para que los ratones pasen por el altar? Pues, según estos investigadores, la hormona interviene esencialmente durante las relaciones sexuales. Cuando los ratones copulan, la vasopresina activa un centro de gratificación neuronal que los lleva a prestar atención a con quién están copulando, al compañero o compañera de placer. Ya no es el *match* de ese día del que no recordarán su nombre al día siguiente. Ahora es «la pareja con la que quiero volver a estar mañana, al día siguiente y al siguiente».

En su mayoría, los investigadores que mezclan biología y vínculos se centran en el papel que desempeñan dos sustancias segregadas desde la hipófisis: la citada vasopresina y la oxitocina.

El papel de la oxitocina ha sido refrendado en muchos experimentos acerca de conductas afiliativas. El apego familiar, la sensación de pertenencia a un determinado grupo o la tendencia a cooperar con desconocidos son estimulados por este péptido.

Una de las pruebas de laboratorio más conocidas y citadas en los manuales de psicología cuando aparece el término oxitocina, nos cuenta cuando a unos científicos les dio por juntar a ratas adultas con crías en un laboratorio. Si las ratas no estaban embarazadas o no habían dado a luz recientemente, es decir, no tenían una alta cantidad de oxitocina en su cerebro, el trato con las pequeñas criaturas no era el mejor. No entraremos en detalles, por si hay personas sensibles leyendo. Pero, no. No se portaban del todo bien.

Cuando les inyectaron oxitocina en sus ventrículos cerebrales, la cosa cambió: desarrollaron una conducta maternal y se convirtieron en perfectas madres de acogida. No sabemos si algún día los seres humanos dejaremos de masacrarnos gracias a inyecciones de oxitocina y vasopresina (no tenemos mucha fe en que ocurra), pero lo que buscábamos con estas líneas es que sumes un dato más a este ensayo sobre nuestra forma de relacionarnos con los demás: la biología también forma parte del juego.

El capítulo nos está quedando demasiado alegre. Pero ya sabes que la realidad no lo es tanto. Sabemos lo importante que es para los seres humanos sentirnos parte de una tribu que nos acepte y quiera. Y en ciertas situaciones (alguien tenía que decírtelo) la afiliación al grupo no resulta beneficiosa. A pesar de que te hemos contado la epidemia de la risa en tono desenfadado, las personas afectadas experimentaron cambios emocionales y conductuales muy desagradables, como irritabilidad, insomnio y dificultades para concentrarse. Los ataques de hilaridad incontrolable a menudo iban acompañados de otros síntomas, como llanto, desmayos, respiración acelerada y dolor en el pecho. Los episodios podían durar desde unos minutos hasta horas, y en algunos casos, incluso días. De hecho, muchas chicas tuvieron que ser hospitalizadas debido a la gravedad de los síntomas. La necesidad de pertenencia puede llevarnos a sufrir psicológicamente... y a hacer sufrir a los demás.

Contemos algo más sobre afiliaciones poco adaptativas. Allá por los años cincuenta del siglo pasado el psicólogo social Muzafer Sherif fabricó una guerra civil entre niños sin necesidad de recurrir a dictadores, fanáticos religiosos, políticas cuestionables o enclaves estratégicos a conquistar. No hizo falta nada de eso. Le costó muy poco conseguirlo. Y nos dejó un gran psicoaprendizaje. Sherif se llevó de campamento de verano a un grupo de niños de entre once y doce años. Estos chavales no tenían un carácter difícil, no venían de entornos duros, sino de barrios de clase media. Lo pasaron en grande en el autobús de camino al experimento. Se hicieron amigos. Al cabo de unos días, Sherif se puso manos a la obra. Su objetivo era crear un conflicto. Para ello dividió a los chavales en dos grupos: los águilas y los serpientes. Lo hizo al azar. En cuanto terminó de dar uno de los bandos a cada niño, los grupos empezaron a estructurarse. Una vez que cada chaval sabía en qué tribu estaba, Sherif se dedicó a fomentar la competitividad entre las dos fuerzas del campamento ideando tareas en las que solo un grupo pudiera alcanzar el éxito: un partido de fútbol, el viejo juego de tirar de una cuerda con un pañuelo en medio, carreras... No le hizo falta nada más para que comenzara la batalla de los águilas contra los serpientes.

La hostilidad entre los grupos fue aumentando cada día. Pronto empezaron las peleas y los insultos. Con los juegos competitivos, Sherif logró también fomentar otro fenómeno clásico de racismo: los miembros de un grupo no hablaban de los miembros del otro como «águilas» o «serpientes», sino que inventaron otros nombres despectivos. Por último, observaron también algo que ocurre en los conflictos de la vida real: cuando el psicólogo favorecía a un determinado grupo injustamente, los miembros del otro no reaccionaban contra él, sino contra el otro grupo. ¿Te suena haber visto algo similar en algún partido, cuando el árbitro no tiene su día?

Para este investigador, validar su idea de que es muy sencillo crear conflictos entre personas que no los tienen, fue muy fácil. Tal vez en mayor medida por la edad de los participantes. Entre los diez y los dieciocho años parece más sencillo que nos unamos en manada en torno a cualquier cuestión. En la adolescencia (volvemos a ella) se aprecia con más claridad, por ejemplo, una de las consecuencias de nuestro espíritu de rebaño, la tendencia a dividir el mundo entre «los que pertenecen a nuestro grupo» (en psicología los llamamos endogrupo) y «los que no pertenecen» (exogrupo). Desde el momento en que sabemos quiénes son los que están en nuestro bando desarrollamos el sesgo de endogrupo, la tendencia a pensar que las cosas que hacen «los nuestros» están mejor hechas que las que hacen «los otros». Por ejemplo, echamos la culpa de los errores de nuestro grupo a la mala suerte, las circunstancias o el tiempo; pero si esos mismos errores los cometen integrantes del exogrupo, entonces la culpa es de su incompetencia.

Como se vio en el experimento de Sherif, para dividir a la sociedad entre endogrupo y exogrupo, no hace falta mucho. Los experimentos de psicología demuestran que para que nos sintamos partícipes de un lado bastan trivialidades como haber nacido el mismo día, compartir el último dígito del número de la seguridad social o, simplemente, el corte de pelo. Incluso menos. El sesgo de endogrupo se puede producir por el mero hecho de que nos sintamos parte de un clan, solo porque alguien como el señor Sherif te lo haya dicho. Es así desde la infancia, aunque no es exclusivo de la juventud. A partir de nuestra necesidad de fundirnos en un «nosotros» y dejar fuera al resto en un «ellos», surgen en la madurez las familias cariñosas, las amistades fieles y el espíritu de equipo. Pero también las pandillas de adolescentes, las rivalidades étnicas y los nacionalismos fanáticos. Y muchos problemas que nos llevan a sentirnos mal tienen que ver con la excesiva presión que ejercen las expectativas de las personas que forman parte de nuestro endogrupo: padres, pareja, compañeros de trabajo...

Nuestra necesidad de que los otros nos den su cariño, nos quieran y nos acepten, nos puede hundir en la esclavitud de pretender cumplir ciegamente con las expectativas de los demás. Lo cual tiene dos inconvenientes seguros. Por una parte, podemos acabar sumidos en una imposible lucha por agradar a todo el mundo. Misión imposible porque, como decía John Fitzgerald Kennedy, «hagas lo que hagas, al menos el 20 % de las personas estarán en tu contra».

Por otra parte, corremos el riesgo de anularnos a nosotros mismos para ser lo que los demás quieren que seamos. Esta posible pérdida de libertad individual es más evidente en los colectivos de fuerte cohesión interna. Hoy en día parece que todos tenemos claro que en esos grupos (o incluso sectas) se obliga a sus miembros a respetar de forma estricta muchas normas, bajo amenaza de quedarse fuera. ¿Qué serías capaz de hacer para no dejar de formar parte de tu grupo de pertenencia favorito? Llevado a nuestro caso de psicogénesis masiva, ¿cuántas niñas crees que se reían, simplemente, por no dejar de ser parte de un colectivo histérico? ¿Has estado alguna vez en un ambiente con tanta cohesión de grupo como este? Si te ha ocurrido, sabrás que no es fácil tomar el camino de salida. Como dice el refrán popular, todo el mundo quiere estar fuera del rebaño... hasta que escucha el aullido de los lobos.

Episodios como el que hemos rescatado para este capítulo nos recuerdan que, para extraer la energía que nos da la motivación de pertenencia, es importante no pasarse. No acabar siendo «adictos al amor». Tenemos que recordar, cuando intentamos ganarnos el aprecio del grupo, que «queremos» gustar a los demás, pero no lo «necesitamos». La diferencia es radical: cuando sentimos que «debemos» agradar a los demás, la presión nos hace olvidar que eso es lo que nos gustaría que ocurriera, pero, si no lo conseguimos, no pasa nada en absoluto. En resumidas cuentas: que si queremos participar en la risa colectiva está bien, pero si no, tampoco importa. Somos seres sociales, necesitamos sentirnos parte de un grupo..., pero no todo vale ni todos los grupos nos convienen.

EXTRA
EXTRA
UNA PREGUNTA PARA LOS AUTORES

¿Cómo elegís los grupos de los que formáis parte?

Luis

Yo, como buen introvertido, reconozco que soy poco de grupos. Tengo más tendencia a la relación persona a persona, a juntarme con amigos concretos que, en general, ni siquiera se conocen entre ellos. Pero ha habido épocas de mi vida en las que sí he formado parte de algún «rebaño». En esos casos creo que he podido saltarme la famosa regla de Groucho Marx («Nunca pertenecería a un club que admite a personas como yo»), porque eran grupos que tenían dos características. En primer lugar, respetaban la diversidad: nos admirábamos entre nosotros por nuestras diferencias, nos juntábamos para hacer cosas juntos, pero no pretendíamos uniformar a los demás, nos sabíamos diferentes unos de otros y eso era, paradójicamente, lo que nos unía. Digamos que siempre he estado en rebaños de frikis, colectivos en los que nos juntábamos personas difíciles de juntar.

Luis

Por otra parte, para mí fue esencial que esas personas mantuvieran relaciones de igualdad. No me siento bien en colectivos con líderes. No quiero personas que me gobiernen ni quiero gobernar a nadie. En los grupos en los que he estado las decisiones se tomaban en común de una forma fluida, sin que nadie creyera que su criterio era más importante. Esa es la única forma en la que yo puedo permanecer en un rebaño: sin pastor que nos guíe.

Molo

Comienzo diciéndote que me siento muy orgulloso de pertenecer a un microgrupo con Luis. El de los escritores de este libro y hacedores del pódcast homónimo. Pero también a un macrogrupo: el de las personas que escuchan Entiende Tu Mente y leen estas líneas. No sé qué conclusión final habrás extraído de este episodio. Supongo que, por un lado, la de que somos seres sociales. Pero eso seguro que ya lo sabías. Te hemos mencionado algunas de las consecuencias negativas que tiene el aislamiento social y las ventajas de estar rodeados de gente que nos valore y nos considere «de los suyos». También hemos hablado de que el ser demasiado condes-

Molo

cendientes con tal de entrar o permanecer en un grupo puede pasarnos factura.

Y sobre en qué me fijo para decidir si quiero o no entrar a formar parte de un grupo... ¡qué pregunta más difícil! Muchas veces (la mayoría) no miro, no pienso mucho, dejo que la intuición me lleve. A veces acierto y a veces no. Pero cuando pienso y activo el «modo listo», mi parte analítica, trato de tener presente que aquellos con quienes me junto marcarán mi identidad social. Si decido sumarme a un grupo, implica que tendré que aceptar sus normas y valores (de lo contrario ni me dejarían entrar, ni yo querría estar). Por eso viene bien el tratar de alejarse un poco de esa sensación de bienestar que nos brinda el hecho de sentirnos aceptados y preguntarnos si realmente nos gustaría ser colegas de alguien que defendiera las ideas que comparten tus camaradas de grupo. No es fácil. En parte porque no queremos ver nada que ponga en duda la superioridad del endogrupo al que pertenecemos (eso ya te lo hemos contado), pero, quién sabe, tal vez este libro te ayude a parar, alejarte, mirar con objetividad a las zonas más peliagudas de tu grupo y a plantearte si quieres seguir ahí, o no. ¡Tú decides!

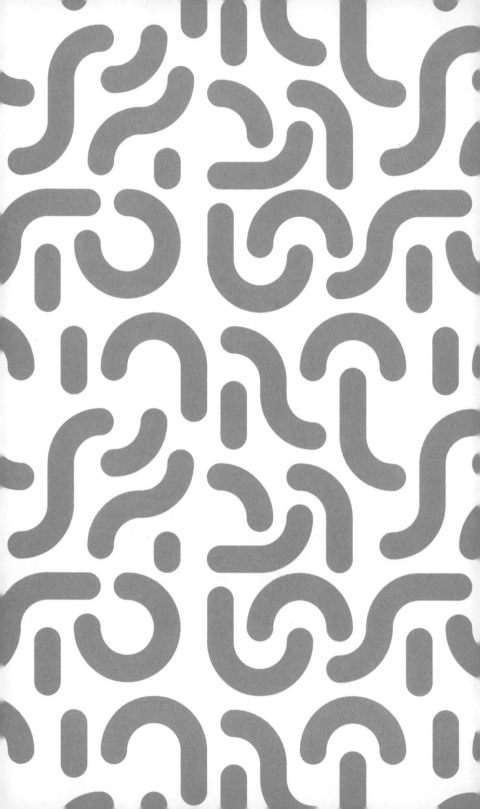

CAPÍTULO 9

Somos
raros

Aen Cook se le consideraba un chico raro: excéntrico, despistado y sin un futuro claro. Había dejado de estudiar muy pronto. No sentía interés por nada en particular y sus conocidos decían de él que «siempre estaba en las nubes». Parecía incapaz de centrarse en nada. Se pasaba el tiempo pegado al teléfono. No a uno como el tuyo. No como los de ahora que tienen de todo. Nos referimos a uno de los modelos de la «prehistoria» de la telefonía móvil, cuando a estos cacharros no se les tildaba de inteligentes. Ben jugaba a la serpiente (si eres de la generación Z, quizá no sepas de qué te estamos hablando) y escribía mensajes. ¡Eso sí se le daba bien! Mandaba SMS (todavía no existía WhatsApp) a sus colegas. No quedaba mucho con ellos, pero los informaba de sus aventuras. Sus padres no entendían cómo podía tener todo el día el móvil en la mano y la mirada puesta en la pantalla. Eran creyentes, iban a la iglesia y Ben seguía escribiendo durante la celebración de las misas. Le gustaba, estaba enganchado. Sus habilidades iban más allá de lo normal. Presumía de ser capaz de enviar mensajes sin un solo error, con el móvil guardado dentro del bolsillo de su pantalón. El aparatito se estaba convirtiendo en una extremidad de su cuerpo (tal y como parece que ocurre ahora, cuando miramos a nuestro alrededor en el transporte público).

Si te contamos la historia de Ben, es porque él consiguió hacerse famoso con su manejo del móvil. ¿Cómo? En 2004 ganó el campeonato mundial de escritura de SMS —batiendo el récord de velocidad—. En la gran final —que fue seguida por cientos de miles de espectadores a través de diversos canales de televisión— derrotó a uno de sus pocos amigos: Dave Stoddard. Sus números impresionaron a todo el mundo: consiguió escribir «*The razor-toothed piranhas of the genera Serrasalmus and Pygocentrus are the most ferocious freshwater fish in the world. In reality they seldom attack a human*» (es decir, 160 caracteres) en 57,75 segundos. Recuerda que los móviles de entonces solo tenían números y la composición de textos era bastante más complicada que con los *smartphones* actuales.

La rareza de Ben, al final, lo convirtió en un ganador.

Un par de páginas antes te hablamos de una de las grandes motivaciones del ser humano: la necesidad de pertenencia. En muchos momentos de nuestra vida nos gusta sentirnos parte del rebaño. Pero como te contamos en el capítulo 5, también somos complejos: en otras épocas vitales, lo que queremos es diferenciarnos, salirnos de la masa. Ben Cook es un ejemplo de *freak*, de persona que parece ajena al ambiente familiar y social en el que se crio. A lo largo de la historia ha habido muchos Ben. Basta con mirar los libros de historia, ojear las vidas de algunos filósofos griegos presocráticos o de los ermitaños que se «bajaban del mundo» y huían de lo que la humanidad tenía para ellos.

Pero no vayamos tan lejos. Viajamos solo dos siglos atrás para encontrarnos con algunos ingleses antisociales, pero bastante divertidos: «los excéntricos». Como Ben, que prefería el móvil a otros seres humanos, estos personajes tenían mejores cosas que hacer que charlar con sus iguales. Sus estrategias para escaquearse de la sociedad han pasado a la historia. El decimocuarto barón Berners, por ejemplo, se encasquetaba un bonete negro —el sombrero que lanzan al aire los estudiantes el día de su graduación, al menos en las películas norteamericanas— y unas gafas oscuras. Con ese atuendo extraño buscaba que nadie se sentara junto a él. Si, pese a su aspecto extravagante, alguien se atrevía a hacerlo, sacaba un gran termómetro y empezaba a tomarse la temperatura corporal cada cinco minutos y a suspirar con lamentos. Si el de al lado no se levantaba y buscaba otro sitio, es que no tenía miedo a enfermar, era ciego o sordo. Otro famoso excéntrico, el quinto duque de Pórtland, un maniaco de la intimidad, se negaba a admitir en sus aposentos a cualquier extraño y solo se relacionaba con uno de sus criados. Incluso el doctor que trataba de salvarle la vida debía examinarlo a través de preguntas a su criado. Y, por último —aunque había muchos más—, citamos a otro británico esquivo: sir Thomas Barret-Lennard, que se vestía como un criado para pasar inadvertido en sus propiedades y que lo dejaran en paz. En cierta ocasión, cuando volvía de una reunión en el asilo local, fue detenido e ingresado en ese mismo asilo —del que, para más inri, era mecenas—. El disfraz resultó ser demasiado bueno.

Estas extrañas costumbres son solo un ejemplo de lo que significó este movimiento: una reivindicación del gusto por la soledad. Los excéntricos ingleses eran personas que disfrutaban de la soledad, de su propia compañía y escogieron el absurdo —el humor británico— como vehículo para conseguir intimidad.

En nuestro siglo xxi, el número de personas que prefieren estar solas es cada vez más numeroso. Son individuos a los que no les compensan las concesiones que hay que hacer para estar en pareja, pertenecer a una familia o tener amigos. Un síntoma de este auge de los solitarios es el aumento del número de *singles*. En los últimos treinta años la proporción ha crecido un 350 %. Por ejemplo, hoy en día en España más de diez millones (un 23 % de la población) no están emparejados. Y lo previsible es que el número de quienes prefieren participar en solitario en el juego de la vida aumente (la media europea se sitúa actualmente en torno al 30 % de la población).

No es solo que los datos nos digan que vamos a tender, cada vez más, a ser *singles*; los mitos del mundo moderno también son seres solitarios. Los superhéroes condenados a la soledad por sus superpoderes (Superman y Spiderman entre otros, ya que un gran poder, implica una gran responsabilidad), Hannibal Lecter y otros psicópatas cinematográficos, que no experimentan emociones y por lo tanto no necesitan estar con nadie, o el Dr. House —el médico al que no le gustan los pacientes pero sí las enfermedades— son ejemplos de personajes conocidos por todos que nos hacen dudar de que la necesidad de pertenencia sea realmente universal.

El psicólogo Jonathan Cheek ha tratado de buscar factores comunes en ese grupo de personas que dicen preferir el aislamiento social. Según este investigador, no se trata de individuos con algún tipo de patología: su búsqueda de soledad no está asociada ni a la depresión ni a la fobia social, dos trastornos que nos empujan al aislamiento. Cheek encuentra en los solitarios un rasgo de carácter perfectamente adaptativo: la introversión. Con este factor de personalidad se etiqueta a las personas que tienen, a menudo, necesidad de espacios de soledad. Los individuos más aislados simplemente son personas que puntúan muy alto en los test que miden este factor. Por eso viven esa necesidad de intimidad más a menudo. Para ellos, hablar y estar con otras personas supone un esfuerzo que no tiene las suficientes compensaciones. Pero, como nos recuerda este investigador, no sufren por esa falta de motivación de pertenencia.

¿Será cada vez más mayoritaria esa característica de personalidad en el futuro? Quizá la tendencia a establecer vínculos sociales fue adaptativa en una determinada época de la humanidad. Tener tendencia a relacionarse aumentaba la tasa de supervivencia de nuestros antepasados. Tanto el hecho de cuidar a los niños como el de cooperar dentro del grupo fueron adaptativos: no somos los depredadores más fuertes ni más resistentes y, sin embargo, hemos tenido un gran éxito evolutivo gracias a esa estrategia. ¡Unirse sirvió para vencer batallas y mantenerse vivos!

Hay científicos que afirman que la tendencia individualista puede ser la que acabe por imponerse con el paso de los años. Sherry Turkle, profesora de estudios sociales en el MIT y autora de *La vida en la pantalla: la construcción de la identidad en la era de internet*, aboga por esa idea. Según esta psicóloga, la red ha permitido que aquellos que prefieren vivir aislados puedan fluir con el medio y estar adaptados socialmente. Antes un ser solitario estaba condenado a la extinción. Ahora no. Aún las personas extremamente solitarias son minoría, pero una minoría cada vez más numerosa. El siglo XXI nos permite ser más diversos, y ya no hace falta ser «como todo el mundo».

La idea de que no tenemos que ser seres cortados por el mismo patrón, también se ha estudiado desde otros ámbitos, que dejan entrever la idea de que lo poco habitual es importante y merece ser estudiado. Un reciente ejemplo es el éxito del libro *The black swan* (*El cisne negro*) del matemático y broker libanés Nassim Nicholas Taleb. En él analiza la naturaleza de los acontecimientos altamente improbables. Taleb argumenta que hay tres características comunes a estos acontecimientos: son impredecibles, generan un tremendo impacto y, después de que han ocurrido, generan multitud de explicaciones *ad hoc* para justificar su inesperado impacto. El éxito de Google o YouTube son dos ejemplos clásicos de este tipo de hechos, ya que casi nadie podía prever en qué se iban a convertir (si no, los hubieras creado tú), pero a *posteriori* nos parece muy lógico que estén donde estén.

El autor denomina a estos hechos cisnes negros, porque hasta el siglo xvii se creyó que solo existían los cisnes de color blanco y el descubrimiento de los «raros» en Australia originó multitud de teorías.

El ambiente cambia y lo que antes resultaba inadaptado —vivir separado del mundo— puede llegar a ser un valor para la supervivencia... como bien pudieron averiguar los padres de «dedo veloz» Ben Cook, del que hablamos al principio del capítulo. Ser «normal» —mejor dicho, normativo— depende completamente del entorno y este varía cada vez a mayor velocidad. Te vamos a poner un ejemplo: a mediados del siglo xix, el médico británico William Acton presentó los resultados de su estudio sobre la sexualidad humana. En él reflejaba que algunas mujeres tenían orgasmos durante las relaciones sexuales y llegaba a la conclusión de que ese efecto era un trastorno (sí, has leído bien) producido por la sobreestimulación. Cien años después, a mediados del siglo xx, William Masters y Virginia Johnson encontraron esa presencia de placer durante el coito y llegaron a la conclusión de que el trastorno era la carencia de orgasmos. La sociedad había cambiado y lo que antes se definía como inadaptado se consideraba ahora un valor deseable. ¿Ves adónde queremos llegar?

El ejemplo anterior se produce por la transformación social que sucedió en un siglo. Pero ahora ni siquiera es necesario que transcurra tanto tiempo: el mundo cambia a una velocidad asombrosa. En realidad, el ambiente varía a tal ritmo que lo más normal es que nuestra vida transcurra en varios entornos diferentes (laborales, personales, familiares...) y en alguno de ellos estemos fuera de onda. Hoy en día, todos nos sentimos «raritos» en algún momento.

¿Se puede ser feliz siendo excéntrico? Una de las investigaciones más completas en este sentido fue dirigida por el neuropsicólogo David Weeks.

Una parte del trabajo de su equipo se dedicó a averiguar si existían correlatos bioquímicos diferenciadores en aquellos que se sienten frikis. Y encontró algo muy curioso: las personas singulares incrementan, durante su actividad intelectual, la producción de las hormonas que habitualmente se suelen generar al realizar ejercicio físico o manteniendo relaciones sexuales. Es decir, da la impresión de que el cuerpo de los excéntricos, su biología, «está feliz» cuando piensa, cuando realiza introspección, cuando se sitúa tras la pantalla del ordenador (escribiendo un libro, por ejemplo).

Por otra parte, a nivel psicológico, las conclusiones del estudio contradicen la idea que nos dicta el sentido común acerca de lo mal que lo deben pasar aquellos que son «peculiares» —no neurotípicos—. «Si un hombre está en una minoría de uno, lo encerramos bajo llave», decía Oliver Holmes. Sin embargo, Weeks constató que los extravagantes gozan de una salud estupenda —acuden al médico una vez cada nueve años de promedio, mientras que la población general lo hace dos veces por año— causada «seguramente por su insultante felicidad» —lo entrecomillamos para sonar sarcásticos—. La investigación arroja un patrón de personalidad caracterizado por el inconformismo, el idealismo y la obsesión por sus aficiones. Y, además, un alto grado de tolerancia a la frustración: son individuos que exploran nuevos caminos y no temen a los fracasos. «En cada campo, los excéntricos aceptan los retos que conllevan, pero la calidad no es su lema, pueden ser geniales o nefastos», apunta este neuropsicólogo. Así que ya sabes, la gente que se sale de la norma intenta las cosas que le gustan, aunque las haga mal.

El proyecto de Weeks incluía una aproximación a la vida de ciertos personajes históricos. Y su conclusión, aquí sí, estuvo conforme con el imaginario colectivo: muchos de los grandes creadores y descubridores de la historia entrarían en la categoría de extravagantes. Son conocidos los casos de Benjamin Franklin, que se paseaba a menudo desnudo («estoy tomando baños de aire», dicen que argumentaba) u Oscar Wilde, que pidió champán en su lecho de muerte para poder «morir por encima de sus posibilidades». Pero también entran en esa categoría, según Weeks, personajes de la talla de Galileo, Kepler, Darwin o Albert Einstein.

UNO DE LOS «RAROS» MÁS CITADOS

Ya que hablamos de personas extravagantes, diferentes a la norma, quizá uno de los más citados en los libros de historia cuando se habla de excentricidad mental es Ludwig II de Baviera, apodado el «Rey Loco». Nacido a mediados del siglo XIX, su biografía está repleta de anécdotas. Fue particularmente aficionado a las obras del compositor Richard Wagner, a quien admiraba profundamente. Desde que ascendió al trono, a los dieciocho años, utilizó su riqueza personal para promover su música. Construyó castillos que imaginaba como escenarios para las óperas de Wagner. El más famoso de ellos es el castillo de Neuschwanstein, ubicado en los Alpes bávaros. Pidió que lo edificaran con una arquitectura romántica y gótica, que recreaba un mundo de cuento de hadas inspirado en las óperas de Wagner, y que se basaran en las leyendas y mitos medievales para diseñar tanto los interiores como los exteriores. Y allí pudo desarrollar su excéntrico estilo de vida personal. Era conocido por su afición a los trajes y los atuendos extravagantes, y a menudo se le veía vestido con túnicas y capas adornadas. Tenía una gran colección de joyas y rara vez salía en público sin llevarlas puestas. Además, Ludwig II tenía un gran

amor por el teatro y a menudo organizaba representaciones privadas en sus castillos, interpretando él mismo a varios de los personajes principales. Finalmente, los problemas financieros debidos a sus gastos desmesurados lo llevaron a enfrentamientos con la aristocracia y a la pérdida gradual de su poder. En 1886, Ludwig II fue declarado insano mentalmente y destituido del trono. Pocos días después murió en circunstancias misteriosas en el lago Starnberg, junto a su médico. Las circunstancias del «accidente» aún se debaten, y algunos teorizan que fue asesinado.

Ludwig II de Baviera dejó un legado duradero. Sus castillos extravagantes se han convertido en destinos turísticos populares en la actualidad. Mucha de la imaginería del mundo moderno fue creada por él (Walt Disney imitó estas construcciones excéntricas en muchas de sus películas). Su amor por la belleza estética y su pasión por la fantasía y la música han inspirado a generaciones de artistas y soñadores. Sus rarezas le llevaron a su caída, pero sigue siendo recordado como un rey romántico y visionario que dejó su huella en la historia de Baviera y en la narrativa de la realeza europea.

Historias como la de Ludwig reafirman que la extravagancia puede tener un sentido adaptativo. La humanidad ha necesitado siempre a aquellos que se salen de la norma, pero también es cierto que muchas de las ventajas evolutivas de este tipo de individuos fueron problemáticas para su tiempo y lugar. Algunos de los personajes de los que te hemos hablado murieron por ser diferentes. ¿Sucede lo mismo en la actualidad? ¿Sigue siendo tan difícil ser especial?

Como te hemos contado, las investigaciones de David Weeks extraen datos que muestran que quizá la presión sobre los que nos sentimos «raritos» es cada vez menor. Hasta no hace mucho, la expresión de nuestros rasgos estaba regulada por una especie de barómetro que nos indicaba cómo actuar con normalidad. Hoy en día, sin embargo, este regulador cada vez es menos importante: lo normal es lo extraordinario. Se valora cada vez más la individualidad y los rasgos sobresalientes. De hecho, algunos analistas de esta segunda década del siglo XXI encuentran que el imaginario colectivo empieza a asociar la normalidad con la neurosis. A los que no sobresalen se les tacha enseguida de rígidos y poco aventureros. La cuestión transcultural es, desde luego, esencial en este asunto. Las sociedades antiguas eran más colectivistas. En ellas, las personas no se sentían como entidades independientes y separadas de los demás. Sigue ocurriendo. Por eso lo peor que le puede pasar a un individuo colectivista es ser marginado del grupo. Vivir en una cultura de este tipo supone hacer continuamente todo lo posible para no aumentar la tensión en la comunicación. Se evita decir «no» a los favores que a uno le piden, se intenta no decepcionar las expectativas de los demás y se busca continuamente subrayar las similitudes con las personas de alrededor, minimizando las diferencias.

En esas culturas, los demás tienen un papel importante a la hora de definir el propio yo. Una persona es lo que es, sobre todo, por el grupo al que pertenece. Su familia o su credo religioso son, para él, más importantes como definición de sí mismo que ninguna característica de personalidad propia. Son las culturas del «¿y tú de quién eres?». Salirse de la norma se paga muy caro. En las culturas colectivistas es mucho más difícil encontrar personas que se salen de la norma. Por ejemplo, la palabra «excentricidad» no existe en japonés. El único concepto que se le asemeja (*haaji*) es una combinación de vergüenza y culpabilidad. El lenguaje es una expresión de la sociedad y es bastante revelador ver qué acarrea ser diferente en las sociedades donde se busca la homogeneidad.

¿PODEMOS EN ESTE SIGLO ULTRACOMPETITIVO IR A LA CONTRA Y DEJAR A UN LADO LA NECESIDAD DE TRIUNFAR A TODA COSTA?

Al igual que Ben Cook, el protagonista de la primera historia que te hemos contado, Tom Hodgkinson inició su carrera haciéndose un nombre y una gran reputación como... perezoso. Es el fundador de la revista *The Idler* (*El vago*), que se publica de forma bianual: no se editan más números por holgazanería. ¡Cumple con lo que promete! *The Idler*, como su nombre indica, está dedicada al arte de no hacer nada.

La idea de Hodgkinson —que ha publicado libros con títulos tan explícitos como *Elogio de la pereza o Cómo ser libre*— es devolver la dignidad a los indolentes. Este autor trata de hacer ver que las personas que no se retan a sí mismas y que no aumentan su tensión para conseguir objetivos, son individuos sanos, aunque no compartan las motivaciones que encontramos entre los *influencers* de la productividad que pueblan las redes sociales. Se hizo famoso mientras dedicaba su vida a tocar el ukelele y a criar gallinas. Todo ello sin esforzarse demasiado en ninguna de esas actividades.

¿Y cuál es la motivación que más puebla en instagramers, tiktokers y youtubers de éxito o aspirantes a ello? Pues una que para nada es novedosa y que conoces muy bien. Hace ya casi cien años, el psicólogo Henry Murray acuñó el concepto de motivación de logro. Para este investigador, la gran mayoría de los seres humanos compartimos la necesidad de lograr nuestros objetivos. Deseamos cumplir nuestras metas: dominar habilidades o ideas, controlar personas, llegar a un nivel alto... Desde que Murray etiquetó el concepto, se han realizado muchas investigaciones que relacionan esa motivación —la de logro— con el éxito. Herbert Simon, un psicólogo que obtuvo el Premio Nobel por sus trabajos en economía política, calculaba que los expertos a nivel mundial en un campo «han invertido por lo menos diez años de trabajo duro, es decir, cuarenta horas semanales durante cincuenta semanas al año». La energía necesaria para ese esfuerzo la obtienen, según los investigadores, de su motivación para competir contra ellos mismos (superándose) o contra los demás (superándolos).

Pero ¿tenía razón Murray cuando decía que «todas las personas poseen algún tipo de motivación de logro»?

El psicólogo Richard Koestner es uno de los que creen que no. Él piensa que hay un gran número de personas, al igual que Tom Hodgkinson. De hecho, la gran cantidad de seguidores de la revista y los planteamientos de este gurú de la holgazanería así nos lo hacen pensar. Cuando fundó su revista, este vago profesional debió de pensar aquello de que «no soy un completo inútil, por lo menos sirvo de mal ejemplo». Pero, sorprendentemente, se encontró con que lejos de ser el raro del pueblo, formaba parte de un movimiento muy numeroso (que, obvia decirlo, entre los pocos esfuerzos que realizaba estaba el de suscribirse a la revista).

Koestner ha dedicado sus últimas investigaciones a analizar a estas personas sin motivación de logro. Su primera conclusión es que no sufren ninguna patología por esa carencia de espíritu competitivo. Lo que ocurre es que socialmente han estado mal vistos. Este científico nos recuerda un ejemplo de esa incomprensión: se suele asociar inactividad con depresión, a pesar de que las cifras de salud mental muestran que es más fácil llegar a ese trastorno por involucrarse en actividades de forma demasiado perfeccionista.

Según este experto en motivación, la pereza puede adaptarse a la perfección en la sociedad. Él ha estudiado a personas que carecen de motivación de logro y se sienten perfectamente equilibradas. El secreto, según Koestner, está en reunir tres factores: no tener expectativas materiales altas, no envidiar y no comprometerse en tareas que luego la persona no va a poder realizar. ¿Te suenan?

La hembra de la mosca doméstica dedica una tercera parte de su tiempo a comer, un 40 % a descansar, un 12 % a pasear sin un objetivo determinado y un 14 % a acicalarse. El ser humano, sin embargo, a pesar de su supuesto éxito evolutivo, trabaja mucho más y por eso solo puede invertir el 30 % del tiempo en ocio. Aunque hemos reducido en un 10 % el intervalo de vida que dedicábamos en los años cuarenta del siglo pasado a trabajar, dedicamos más tiempo a formarnos y a ir y venir del trabajo. Quizá no nos vendría mal dar voz a aquellos que dicen que también es adaptativo carecer de motivación de logro.

Vamos, progresivamente, hacia un mundo en el que el yo es esencial. La necesidad de pertenencia de la que hablamos en el capítulo anterior ya no es la única motivación humana. En el mundo moderno es también muy importante aprender asertividad, es decir, la capacidad de tener relaciones de igualdad con los demás sin que nadie nos domine. Lo peor que se puede decir de alguien en una cultura de este tipo es que es un pelele. Se nos supone libres y capaces de defender nuestras necesidades y opiniones. No «somos» de nadie y, por lo tanto, es esencial creernos distintos y demostrarlo. Para lograrlo, debemos conseguir expresar nuestras emociones y entender las de los demás. La inteligencia social, en una cultura de este tipo, parte de la comprensión de los sentimientos individuales. Las personas que la cultivan, como algunos de los protagonistas de las historias que te hemos contado en este capítulo, tienen facilidad para establecer vínculos y generar relaciones de intercambio.

En esta segunda década de siglo es esencial lograr que nuestras emociones lleguen a los demás sin que se malinterpreten por el camino. Decir «no» sin sentirnos culpables, estar en desacuerdo con las personas a las que queremos o admiramos, mantener una cierta distancia emocional para poder ser eficaces en nuestro trabajo, elevar la tensión interpersonal sin que eso suponga una ruptura...

Por eso, hoy en día, empezamos a estar más tranquilos cuando nos apartamos del rebaño. Uno de los primeros héroes cinematográficos de este siglo XXI por el que transitamos fue Shrek, un intratable ogro que presume de ser huraño y hace gala de su carácter arisco. «Un ogro es como una cebolla. Las cebollas tienen capas. Los ogros tenemos capas», dice el protagonista. Y aunque el asno le contesta: «Sabes... las cebollas no gustan a todos. ¡Tarta! ¡A la gente le gusta la tarta! ¡Y también tiene capas!», Shrek sabe que tiene su sitio y le basta con que haya unos pocos a los que les gusten las cebollas... y vivir en una sociedad donde los diferentes son aceptados.

EXTRA
EXTRA
UNA PREGUNTA PARA LOS AUTORES

¿Y qué hacer si somos «raros» y sentimos que nuestro entorno no lo acepta o incluso trata de encaminarnos hacia lo que consideran deseable? ¿No os ha pasado?

Molo

Creo que en general este mundo aún no tolera la diversidad. Nos cuesta. En este episodio hemos abordado este tema desde la visión que presuponemos que comparte la comunidad de Entiende Tu Mente, de la que formas parte. Pero, tristemente, no todo el mundo piensa como tú, ni todos los entornos son igual de comprensivos hacia las personas que no cumplen con los atributos normativos. Nos pasa con nuestra familia, amigos, conocidos e incluso compañeros de trabajo (más del 50 % de las empresas en España, según un estudio publicado en 2023, tienen problemas de convivencia entre los empleados al

Molo

no aceptar las formas de «currar» —y vivir la vida— de generaciones diferentes). Está en nuestra mano apoyar la diversidad. Podemos ser aliados, o incluso a veces ser los raros, los que rompemos la norma, alejándonos de la aceptación global. ¿Te cuento algo? Mira, en el colegio era raro porque me encantaba escuchar la radio al volver a casa por la tarde, cuando lo normal era tirarse frente a la tele; en mi clase de la universidad (cuando estudiaba Comunicación), el 90 % de mis compañeros querían ser directores de cine, y apenas soñábamos con ser locutores. Seguía siendo de los «raros». Cuando en 2016 empecé a estudiar Psicología, dejé la radio y me puse a preparar un pódcast sobre los temas que veía en clase, algunos excompañeros no lo entendían. Al final tuve suerte, porque no seguir el camino «normal» me ha permitido llegar hasta ti. A escribirte estas líneas. Espero que encuentres un espacio que no limite tu forma de hacer, pensar y ser. Independientemente de si coincide con lo que quieren los demás que hagas, pienses o seas. Te lo mereces.

Luis

Yo me he sentido siempre como un «friki», una persona que en muchos aspectos se sale de lo habitual. Desde muy joven prefería irme a casa en vez de participar en las fiestas de mis amigos (siempre he sido más del tú a tú que de grupos grandes) y me costaba adaptarme a las modas. Y eso también se ha notado en mi vida laboral: nunca he estado muy integrado en mi mundillo, también soy raro como psicólogo. Pero he aprendido que no es bueno para mí quedarme completamente solo. Intento medir mis fuerzas: cuando veo que voy a hacer algo excéntrico, trato de ver antes si estoy en situación de hacerlo. Si pudieras escuchar mis pensamientos antes de dar una opinión que está en contra del sentir general, por ejemplo, oirías a alguien que está intentando analizar si hay alguna persona que me va a entender (intento no quedarme completamente solo) y si mi estado de ánimo me va a permitir pelearme con la masa. No soy muy valiente: si no me veo en situación de aguantar el aislamiento, disimulo mi opinión para no sufrir. Creo que este autoanálisis previo para decidir si me salgo o no de la norma es una técnica que hemos desarrollado muchos frikis que hemos recibido palos desde jóvenes por no seguir a la masa. La soledad es un territorio en el que hace mucho frío y no siempre tenemos ánimos para explorarlo.

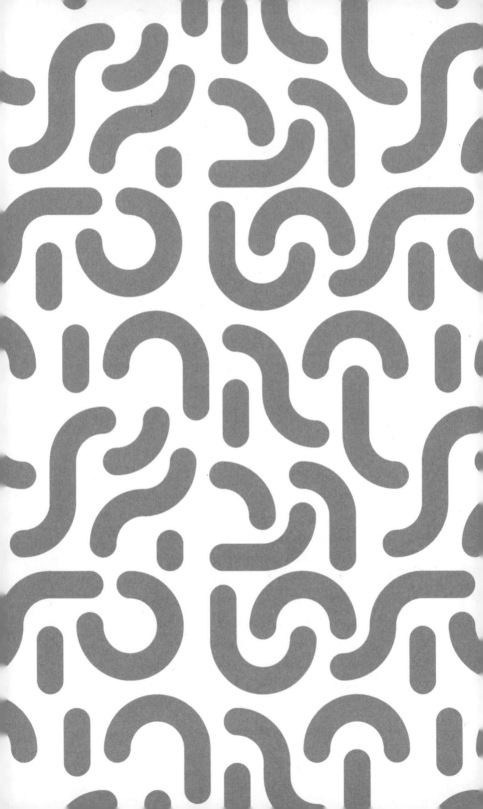

CAPÍTULO 10

Somos
contadores
de historias

Hemos escrito este libro para compartir ideas sobre psicología, a través de pequeñas historias. Pero... ¿habrá funcionado? ¿Habrá sido de ayuda? ¿Hasta qué punto nos cautivan y ayudan a afianzar algunos conceptos, los relatos que contamos? ¿En qué momento las frases de esta charla en formato libro, han pasado a quedarse contigo para siempre (si es que lo han hecho)? El antropólogo Michael Wood es autor de un divertido estudio que ejemplifica cómo lo contado, lo narrado, nos marca. Lo hace precisamente contándonos (cómo no) una historia. Una que nos ayuda a entender cómo los relatos contados junto al fuego (o en una charla con tus amistades) pueden llegar a interiorizarse y convertirse en una nueva creencia que nos dé fuerza para seguir adelante en momentos difíciles, con independencia de que se base o no en hechos reales. Resulta que el señor Wood, investigando los mitos de los kamula, aborígenes del desierto central de Australia, descubrió en sus leyendas a un legendario héroe representante del tercer mundo que luchaba contra la jerarquía de los oficiales (todos blancos y, por lo tanto, colonizadores). ¿Quién era ese semidiós? ¿Con qué otra deidad compartía parecido? Después de preguntar averiguó que este ser fabuloso tenía gran similitud con el protagonista de una saga de películas de los ochenta y noventa del siglo pasado. Ahondando en el relato que había calado en ellos, esbozó un bosquejo de este héroe: era un indígena como ellos que se rebeló contra la opresión de su pueblo. Este ser excepcional utilizaba la increíble resistencia física que los kamula poseen y algunas de sus armas tradicionales, para vencer al hombre blanco. Entre sus acciones milagrosas estaban las de conseguir —él solo— liberar a aquellos kamula que eran apresados por sus enemigos. A la luz de la hoguera se contaban las proezas de su héroe mítico. Los asistentes se emocionaban, le rezaban y añoraban su venida (eso les daba fuerzas para resistir sus penalidades). Gran parte de los nativos australianos viven en la miseria y muchos de ellos han caído en distintas adicciones. Pero tenían en ese héroe al gran defensor de su causa. Compartían la esperanza de que el mesías luchador, que ahora debía de estar en otros lugares liberando a otros indígenas, pronto volvería. Lo único que tenían que hacer era esperar a su segunda venida, para que salvara definitivamente a las gentes de su pueblo.

El antropólogo descubrió, al poco tiempo, que algunos de los contadores de historias habían tenido una visión un tanto peculiar del legendario aborigen que los iba a redimir. Una visión en versión original y sin subtítulos proyectada en una pantalla de tela grande. Era... Rambo. Todos los mitos kamula se basaban en lo que ellos habían entendido (sin traducción) de la primera película de la saga. Eso les había permitido salir adelante. A pesar de lo extraño que parece este proceso psíquico, es solo una muestra más de cómo funciona el cerebro humano. Los científicos George Lakoff y Mark L. Johnson, autores de *Metáforas de la vida cotidiana*, afirman que «los procesos del pensamiento humano se estructuran metafóricamente». Las historias nos ayudan a ordenar y almacenar aquello que pensamos. Así que a Sylvester Stallone, que además de protagonista fue guionista de la película, le podemos considerar como uno de los grandes profetas del pueblo kamula, que «adoptó sus escrituras».

Las historias, las metáforas, lo que nos contamos y compartimos con los demás configuran nuestra forma de ver el mundo. Un ejemplo clásico: si cuando hablas de tu día a día empleas a menudo la frase «una discusión es una guerra» (o alguna similar), es porque conceptualizas así las confrontaciones, aunque sean dialécticas (y alejadas a años luz de las situaciones que se vienen en los conflictos bélicos). Pero si has aceptado esa primera frase, también acabarás interiorizando que «vale cualquier arma con tal de ganar», que hay que intentar «no ceder espacio al enemigo», te «atrincherarás» en tus posiciones y harás lo posible por «no dar ni un paso atrás». Si esa primera frase se convierte en habitual para ti, contarás a tu mejor amiga un desacuerdo de pareja, o una riña entre padres e hijos, como si narraras un conflicto armado. Y como tal lo conceptualizarás. Pero si cambiaras esa forma de narrar la conversación e incluyeras frases más conciliadoras, como «durante la discusión intentamos llegar a un acuerdo» o «es normal discutir, cuando estamos tratando de construir algo juntos», probablemente cambiaría tu forma de vivir la experiencia.

En este libro hemos intentado mostrarte algunos conceptos de psicología contando historias. Te hemos hablado de mentirosos, de empáticos, de seres complejos y personas sin mucha alma. También, cómo no, de héroes y de villanos. Todo con la intención de ayudarte a entenderte y a entendernos a nosotros mismos, de una forma más realista. Aprender, al fin y al cabo, a reconocer que «así somos»; y a partir de ahí, jugar la partida de nuestra vida con más consciencia, conociendo las cartas que sujetamos en nuestras manos y cómo nos pueden ayudar o perjudicar según como vaya el juego.

Sabemos de la importancia de compartir contigo los conceptos que pueblan este libro. Aquí están nuestras cartas vitales, nuestros factores de personalidad y nuestras fortalezas y puntos débiles. Pero no te los transmitimos como si este fuera un manual de una asignatura, sino a través de historias, porque así es como mejor comprendemos y asentamos los conocimientos los seres humanos. Como afirman Lakoff y Johnson, es «como si la capacidad de comprender la experiencia por medio de narrativas fuera uno de los sentidos del ser humano». Interiorizamos el mundo a través de la vista, el oído, el olfato... pero lo procesamos y recordamos a partir de la forma narrativa que le damos. Dicho en términos neurológicos, tal y como lo expresa el científico Jeffrey Zacks: «la experiencia nos llega al córtex cerebral de forma discontinua, pero este se encarga de darle forma y significado para poder almacenarla». Cuando elegimos qué historia contamos, estamos decidiendo también cómo va a influir en la persona que la escucha.

NUESTROS CRITERIOS

PARA ELEGIR HISTORIAS

Las historias que la humanidad ha ido compartiendo a lo largo de los siglos han cambiado de forma con el tiempo. Evolucionan, se adaptan al entorno o pasan a mejor vida. Algunos cuentos de miedo que nos atemorizaban hace un par de décadas, contados de la misma manera a día de hoy nos producen risa; los relatos amorosos folletinescos ya no activan la libido de casi nadie; y hasta las fábulas de ciencia ficción han quedado tremendamente anticuadas en el último decenio.

Por eso, en «Así Somos», tratamos de actualizar nuestro estilo de abordar las historias. Tal vez tú —si has comprobado que nuestro estilo funciona— también quieras transmitir conocimientos e ideas, a través de la magia de la narración. Por si te sirven e inspiran, aquí te dejamos algunas de las normas que seguimos tanto en este libro como en nuestros pódcast, a la hora de buscarlas y contarlas:

DINAMISMO. Las fábulas más apreciadas en la actualidad invocan imágenes de cambio, no de permanencia. Los peores acontecimientos van seguidos, tiempo después, de buenas noticias. En el siglo XXI todo es cambiante y ya no se aceptan historias estáticas, en las que los protagonistas triunfan desde un principio o fracasan para siempre.

DIVERSIDAD. Los cuentos modernos transcurren en la aldea global, un mundo en donde conviven personas muy distintas con capacidades y problemas diferentes. La diversidad está cada vez más presente en las historias que nos contamos.

BREVEDAD. En la época en la que nos habituamos a los ciento cuarenta caracteres del Twitter, los breves emails de trabajo y las noticias leídas en diagonal, los narradores de relatos largos van perdiendo progresivamente público. La capacidad de síntesis, de sugerir con pocas palabras, de encerrar algo profundo en un texto breve, son las habilidades más valoradas en los cuentacuentos actuales.

DISTANCIA EMOCIONAL. La «horribilización» de los acontecimientos, la autocompasión y el tono melodramático ya no están de moda. En las historias actuales, cualquier acontecimiento es digerible y se puede introducir dentro de nuestra narrativa habitual.

RELATIVISMO MORAL. Ya no hay buenos muy buenos ni malos muy malos. En los chismes, en los guiones de series, películas y novelas, los personajes actúan en función de una escala de valores personal que algunos juzgarán ética y otros no.

CONTROL INTERNO. Los protagonistas tienen que llevar las riendas de sus vidas. En el mundo moderno nadie cree en el *fatum* trágico: nadie está destinado a que las cosas le salgan mal. En las parábolas actuales, si los héroes no consiguen sus objetivos a la primera, siguen insistiendo porque tienen tolerancia a la frustración.

MEZCLA DE EMOCIONES. Creemos que una crónica, una leyenda o un cuento del siglo XXI funcionan mejor si no se centran únicamente en despertar un sentimiento concreto. Hoy en día es más eficaz la comedia dentro de la tragedia, la ira asociada a la alegría o el humor negro dentro del drama. En nuestra vida social los sentimientos se entremezclan y esperamos que sea así también en una historia.

PRECISIÓN PSICOLÓGICA. Los que intervienen en la historia tienen «zonas problemáticas» concretas, sin generalizar. Por ejemplo: son valientes en muchos aspectos, pero tienen determinados miedos, son personas emocionalmente sanas, pero con alguna zona oscura. Ya nadie cree que existan personas desastrosas o prodigiosas en todos los sentidos.

Las historias nos influyen y nos enseñan a entender la vida. Tienen un poder extraordinario, como estamos convencidos de que has podido comprobar en los anteriores capítulos de este libro. Lo demostró también el investigador Martin Kottmeyer cuando estudió la influencia que tienen los guiones del cine y la televisión sobre los supuestos encuentros con extraterrestres (sí, ya sabemos que han salido mucho en este libro, somos un poco frikis del fenómeno ovni). En artículos como «Entirely Unpredisposed», este ufólogo presentó pruebas que muestran que películas como *Invasores de Marte* y series como *Más allá del límite* (*The Outer Limits*) inventaron toda la parafernalia que rodea a los encuentros con seres de otros planetas. Antes de que esas historias se filmaran, nadie había manifestado haber visto a seres con mirada reptiliana que venían en platillos volantes. Y, sin embargo, después de esos filmes, un gran número de personas empezaron a afirmar que habían mantenido contactos con alienígenas de ese tipo que —al igual que en aquellos guiones— venían de un planeta moribundo para inseminar mujeres y conseguir niños híbridos.

El éxito de esa narrativa, afirma Kottmeyer, continúa décadas después: según una reciente encuesta, más de un 10 % de estadounidenses han creído sufrir una abducción. En ella han vivido las mismas experiencias que inventaron los guionistas de *Invasores de Marte*. ¿A ver si te suenan? Primero han sido raptados desde el cielo, después conducidos a una habitación dentro de un platillo y colocados sobre una mesa rectangular deslizante. Por último han sido iluminados por una luz brillante que les hizo perder el sentido (una especie de anestesia luminosa) para después despertar en el planeta Tierra, convencidos de haber sufrido algún tipo de operación donde les han instalado algún artilugio de control dentro de su cuerpo. En los más de cincuenta años que han transcurrido desde que alguien inventó este relato, solo se han añadido detalles eróticos, ausentes en el cuento audiovisual original por cuestiones de censura. El resto ha seguido repitiéndose: millones de personas han creído vivir una experiencia compleja cuando lo único que hacían era seguir, paso a paso, un guion escrito hace décadas por contadores de historias de la industria cinematográfica. El impacto de un buen relato (o incluso no tan bueno) es tan grande que, muchas veces, sin darnos cuenta, percibimos el mundo tal y como lo ha marcado una narración grabada en nuestra memoria. Nuestro cerebro organiza la información que le va llegando a través de los sentidos en forma de narrativas y si estas ya están escritas y suenan bien, las adoptamos. En este libro usamos historias reales curiosas para dar forma y poder procesar la complejidad del comportamiento de los seres humanos. No se nos ocurre una manera mejor.

Vivimos en la era de la información, y por eso necesitamos más que nunca esa capacidad de analizarnos a nosotros mismos a través de historias comprobadas y realistas (todas las de este libro lo son: están muy documentadas, pero, como habrás podido comprobar, simplificadas y adaptadas para extraer la esencia de cada una de ellas). Lo contamos porque sabemos que se habla mucho de las *fake news*. Pero este temor a ser engañados no viene de ahora. Siempre ha existido el miedo a la sobreinformación difícil de comprobar, no te creas: ya en el 1255 el monje dominico Vincent de Beauvais denunciaba el cansancio intelectual de la sociedad y lo atribuía a las mismas razones que los estudiosos actuales: «la multitud de libros, la falta de tiempo y el carácter escurridizo de la memoria».

En el mundo moderno, los datos interesantes nos llegan en oleadas que inundan nuestro cerebro. Ya hace décadas que, para hablar de los efectos que produce esta saturación de estímulos, el ensayista Alvin Toffler acuñó en su libro *Future shock* el concepto de *Sobrecarga informativa*. El cerebro humano es incapaz de asimilar esta ingente cantidad de impulsos como bits de información aislados. Para procesarlos necesita integrarlos en un armario con cajones, perchas y estantes. Y el mejor mueble que existe para este fin es una buena historia. Organizar los datos en un relato coherente nos permite recordarlos mejor, eliminar la información innecesaria y subrayar aquello que resulta más importante.

Uno de los científicos pioneros en el estudio de la importancia de la construcción de historias y de cómo la configuración de un relato coherente acaba siendo incluso más importante que los hechos concretos, fue el psicólogo Ulric Neisser de la Cornell University. En los años setenta, cuando estalló el «escándalo Watergate», vio en la investigación una oportunidad para estudiar este tema. El presidente Nixon había ordenado grabar todas las conversaciones que se sostenían en el Despacho Oval y de esa forma podía contrastar si los recuerdos de los protagonistas de los hechos coincidían con la realidad almacenada en las cintas magnetofónicas. Neisser descubrió que los implicados —que ignoraban que había pruebas objetivas— tenían la actitud esperable: a veces mentían para salvaguardarse. Pero también comprobó que, en ocasiones, evocaban conversaciones y hechos que los incriminan… y que no habían tenido lugar. El fenómeno únicamente podía atribuirse a la capacidad humana de reelaborar el pasado para formar un relato coherente. Durante el juicio se vio que los implicados contaban los hechos tal y como les parecía que «deberían haber sido» para encajar en su historia vital y no como sucedieron en realidad. El poder de este sesgo para redondear la historia era tan fuerte que, en general, lo que declaraban era más perjudicial para ellos que lo que luego se comprobó que había ocurrido realmente.

A partir de hechos como este, Neisser y otros investigadores desarrollaron teorías que explican la utilidad adaptativa (y también las desventajas) de esta necesidad humana de formar narrativas coherentes para procesar los hechos. Para quienes defienden que toda la mente humana está diseñada para entretejer historias, la memoria no está diseñada tanto para almacenar un pasado con exactitud, sino más bien para imaginar un futuro con final feliz. Olvidar lo malo, recordar los deseos satisfechos y teñir lo ocurrido con fantasía es, generalmente, una buena estrategia vital. Por eso nuestra capacidad retentiva es tan pobre si valoramos el funcionamiento de nuestra memoria como almacén de nuestra vida. Nuestros recuerdos solo son importantes para afrontar el porvenir. En función del futuro, seleccionamos unos u otros. Incluso, si nos viene bien tener algún tipo particular de reminiscencia, nos la inventamos aunque no haya ocurrido.

La neurología avala esta idea. Eleanor Maguire y sus colaboradores del University College de Londres encontraron en un estudio reciente que, imaginando el porvenir, se activan las mismas partes del cerebro que recordando el pasado. El hipocampo es la estructura que recopila aspectos parcialmente fragmentados para provocar el recuerdo y anticipar el futuro. Para ello reúne todos los episodios vividos (o no) en un hilo argumental: además de lo que realmente hemos presenciado, integra —como si de verdad fueran nuestras— anécdotas que nos han contado, acontecimientos que nos gustaría que nos hubieran ocurrido o conversaciones que nos resultaría coherente haber presenciado. Por eso, expertos como Morris Moscovich, neurólogo de la Universidad de Toronto en Canadá, resumen ese papel que desempeña esta estructura cerebral así: «El hipocampo no se encarga realmente ni del recuerdo del pasado ni de la imaginación del futuro: lo que hace es crear historias acerca de cualquier momento de nuestra vida para ayudar a afrontar el medio».

Hay muchas razones por las cuales los seres humanos somos cuentacuentos y oyentes de fábulas. Las historias que nos cuentan y nos contamos sirven para organizar y optimizar nuestra memoria, para aprender a comportarnos de forma adaptativa (la capacidad moralizadora de los cuentos infantiles es un buen ejemplo de esta función), para prever los riesgos que quizá tengamos que afrontar, para estar alerta cuando ocurre algo nuevo (como afirmaba el escritor Umberto Eco: «Un fragmento de información, para contribuir a la información general de la comunidad, debe decir algo sustancialmente distinto del patrimonio de información ya a disposición de la comunidad») y para entendernos a nosotros mismos. Algo que resumía la psicoterapeuta Harlene Anderson en la siguiente frase: «La vida es el asunto de contarnos a nosotros mismos historias acerca de la vida, y de saborear historias acerca de la vida contadas por otros, y de vivir nuestras vidas de acuerdo con tales historias, y de crear historias nuevas y más complejas acerca de las historias. Y esta composición de historias no es lo que hablamos acerca de la vida: es la vida misma».

EXTRA
EXTRA
UNA PREGUNTA PARA LOS AUTORES

En este libro nos habéis contado historias, de las que habéis extraído psicoaprendizajes, pero ¿qué historia de las que no habéis incluido aquí, os ha ayudado más en el camino del autoconocimiento, del saber que «así somos» o «así eres»?

Luis

Te voy a contar una afición privada: desde mi juventud colecciono historias de héroes anónimos, de personas que apenas son nombradas y, sin embargo, han tenido momentos concretos épicos. Soy muy poco admirador de grandes figuras, siempre fui escéptico con los típicos personajes que fascinaban a todo el mundo cuando yo era joven. Recuerdo que me resultaba muy fácil mirar «debajo de la alfombra» y ver su lado oculto. Me pasaba con músicos, revolucionarios, artistas e intelectuales mitificados: yo los veía como seres humanos muy normalitos. Sin embargo, me

Luis

fascinaban las historias de personas poco conocidas que habían hecho cosas concretas interesantes, que se habían salido de lo normal para aportar algo a la humanidad. Por este libro han pasado las historias de algunos de ellos. Pero sé que en mi cabeza y en mi corazón están grabados otros personajes: Stanislav Petrov (el militar soviético, evitó una catástrofe nuclear al desestimar una falsa alarma de ataque de misiles en 1983), Larry Walters (el hombre que logró volar sobre Estados Unidos en una segadora de césped modificada para ir a ver a su hermano), Isabel Zeldán (la enfermera que participó decisivamente en la expedición que salvó miles de vidas humanas al llevar la vacuna de la viruela a América), Raoul Nordling (el diplomático sueco que negoció con el general alemán al mando para evitar que, durante su retirada, los nazis destruyeran completamente París), Franca Viola (la joven italiana que desafió las normas sociales al rechazar un matrimonio forzado con su violador sentando un precedente que obligó a cambiar la ley italiana que absolvía al abusador si se casaba con la víctima)... ¿Quieres que te contemos alguna de estas historias en un próximo libro?

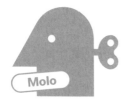

Molo

Comparto la pasión de Luis por héroes y heroínas sobre quienes no han rodado aún una película en Hollywood. Hace unos años empecé una aventura personal, un pódcast (cómo no), para buscar y conocer a mis «personas favoritas». Lo llamé *Saliendo del círculo* y a lo largo de varias temporadas he podido charlar con gente que me caen bien, que conozco y cuyas historias me parecen más que interesantes. De hecho, es un proyecto que mantengo porque se ha convertido en la herramienta más maravillosa que he encontrado para solventar mi curiosidad personal (bueno, y la de alguien más seguro, porque a fecha de publicación de este libro cuenta con más de medio millón de escuchas). La primera protagonista fue mi amiga Esther (a la que también puedes oír en Entiende Tu Mente). Fuimos compañeros durante muchos años en una emisora de radio musical. Cuando había alcanzado la meta profesional que se presupone que anhelamos quienes nos dedicamos a la comunicación —presentar un programa de radio a nivel nacional—, cuando todo el entorno la veía como ejemplo de una locutora exitosa, ella decidió cambiar de vida. Se escuchó a sí misma. Se atrevió a hacerse la pregunta de «¿qué necesito para estar mejor?», y se puso manos a la obra. Para mí eso es ser una heroína: parar el mundo y preguntarse qué quieres hacer con

Molo

tu vida, aunque el resto no lo entienda. Eso, al fin y al cabo, es lo que nos encantaría que hicieras ahora. Que después de todo lo leído pares un poco el mundo y, sabiendo que «así somos», conociéndote un poco más, te preguntes qué quieres hacer ahora. Puede que en el próximo libro o pódcast contemos tu historia.